実例で見る
「相続」の勘どころ

税理士 **吉野 広之進** 著

税務研究会出版局

はしがき

　人生で、「相続」という出来事に何度出くわすでしょうか？
　相続となると祖父母や父母という近しい親族が亡くなるという限られた場面で体験（経験）することとなるのですが、祖父母が亡くなった際の「相続」においては、一般的には父母（祖父母の子）の代の方々が相続人となり、ご自身が相続人となる場面は少ないことから、通常の場合は、「父の相続」、「母の相続」の2度の相続が、ご自身が相続人として関わる「相続」になるのかと思います。
　相続という、大切な家族の1人がいなくなってしまう出来事は、残された遺族の心に予想以上の大きな穴をあけてしまう出来事であり、故人を送り出し、お別れをすることだけでも大変な悲しみやご心痛があります。
　ご葬儀や法会などを執り行いながら、10か月という短い期間に故人の財産（遺産）の確認や遺産分割協議、相続税などの申告を行うことは、「悲しみを感じている暇もないほど忙しかった」と多くの方が仰るほど大変な作業であり、税務や法律の素人である一般の方がご自身で全て滞りなく行えるケースは稀であるものと思います。
　平成27年1月1日以降の相続開始分から、相続税の基礎控除などが改正され、今までは相続税の課税対象者とならない方々が相続税の心配をしなければならなくなりました。
　国税庁HPからは、東京都内の税務署における相続税の申告件数は、相続税基礎控除の改正前の平成26年分が10,775件、相続税改正後の平成27年分においては24,647件となり、改正前に比べ、約2.3倍となったことが読み取れます。

一方、平成29年10月末時点での東京税理士会登録の税理士数は22,518人(日本税理士会連合会HP)となっています。

上記のデータは年分にズレがありますが、東京都内における税理士1人当たりの相続税申告数を算出してみると、平成26年が0.47件／年(＝10,775件／22,518人)、平成27年は1.09件／年(＝24,647件／22,518人)となります。

税の専門家といわれる税理士であっても、相続税申告に携わる可能性は改正前の平成26年分で2年に1件程度、平成27年分においては、年に1件程度であり、開業期間が10年あったとして、単純計算で5件、10件というのが実情です。

私と家内は共に元税務職員であり、主に資産税(相続税・贈与税、譲渡所得税など)の税務調査や路線価図等を作成する評価担当をしていた経緯から、税理士開業後も、相続税を中心とした資産税業務を専門としてきました。

また開業と同時に行政書士事務所も併設してきた経緯もあり、遺言や生前贈与、成年後見などの相談が多く、近年は家族信託(民事信託)の相談が多く寄せられます。

税務や法務に関する専門家ですので、民法などの法律や税法や財産評価に関する通達などは、毎日のように読み直したり、調べたりを繰り返しますが、実務の現場では法律や通達に書いてある通りの事例ばかりではありません。

また、家族間のトラブルや過去の遺恨など、法律では割り切れない「人の気持ち」や「想い」を抱えてしまっている案件は予想外に多く、また、トラブル等には発展していないまでも、「そのご家庭における歴史」や「地域性や慣習」など、法律文で解決できない事柄や処々のご事情があり、すべての案件が個別事例となります。

「祖父の相続の時は〇〇だったので、今回の祖母の相続も〇〇としたいと考えます」、「親戚の相続の際は〇〇だったそうです」のようなご依頼もありますが、当時とは法律改正があったり、相続人の人数が違ったりと、同じご家庭の相続であっても「以前と同じ」が通用することはありません。

　それどころか、年間1,000件以上寄せられる相談や依頼の中に「あの事例と似ている」事例はあっても、「まったく同じ事例」はなく、同じプロセスや方法で解決できる事例はほぼ皆無といっても過言ではありません。

　税務における財産の評価、例えば土地そのものの評価額が同じになったとしても、遺産分割の結果、相続する人や利用方法が違えば最終的な評価額は変動しますし、特例適用の可否により負担する税額は変わります。

　法務においては、法定相続分という分数で表される数値は同じになっても、その相続人が未成年者である場合や、農業相続人や事業承継者であるか否かで答えは同じにはなりません。

　相続税の申告・納税期限は10か月であり、その期限までに算出された税額が、たまたま同額になる事例であっても、その10か月の間に行うべき作業内容も手順も同じではなく、その個別事例ごとに「よりベター」な内容や手順の模索をし続けなければなりません。

　ある日、突然起こる、大切な家族を亡くしてしまう「相続開始」という出来事に始まり「遺産分割を中心とした家族内での円満解決を目指したな話合い」、「より適正な相続税申告と税負担」、「相続財産の名義の変更を中心とした財産の承継手続き」という処々の出来事は、それほどまでに個別的要素が沢山あり、ひとくくりに「相続関連の税務・法務」といっても、他の税務や法務に比べて専門性が高い分野となります。

私自身が昭和57年に東京国税局に入局して、相続を中心とした税務の職場に就いてから36年。

　私の実父である吉野政幸が昭和36年に東京都大田区に税理士事務所を開業して56年。

　現在の税理士法人の母体となった故石渡喜一が昭和26年に神奈川県小田原市に税理士事務所を開業してから66年。

　その間に相続に関する相談や申告・手続きに携わった事例は数千件であるのか1万件を超えるのかは定かではありませんが、その長い年月の中で実例として携わったものの中から30ほどの事例を本書に掲載しました。

　個人情報保護、守秘義務などのため、実例そのものではなく、いくつかの事例の混合であったり、1つの事例を分散するなどしておりますことをご承知おきください。

　また、本書は、「人生において相続を何度も経験されない一般の方々」や「会計事務所、行政書士事務所の職員様」が主に読んでいただく「相続手続きの入門書」、「職員研修用教材」と位置付け、『親しみやすい相続関係書籍』を目指して書いております。

　平成29年に出版した「土地評価に係る現地調査の重要ポイント」(吉野広之進著。税務研究会出版)と同様に「親しみやすく」読んでいただくために、全30事例は語り口調、会話形式で始まっています。

　前述の「土地評価に係る…」の書籍と登場人物や設定は同様としてありますが、本書を初めてお読みいただく方のために、登場人物などの説明から始めましょう。

ここはとある地域にある会計事務所。
所長の"高橋健太"は、今年で開業20年を迎え、気が付けば50代に突入したばかり。
この20年で、職員も関与先も徐々に増え、現在は総勢10名ほどの事務所になりました。
所長自身は、過去から資産税案件を数多く手掛けてきたのですが、近年は、相続税案件の依頼が増えてきたことから、資産税の担当者を置くこととしました。
その担当者に選ばれたのが、入社10年目になる西田君です。
ずっと、法人を中心とした関与先の担当をしてきたので、資産税案件を担当したことがありません。
しかし、資産税には興味があったことから、独学で相続税法を少し勉強していました。
その努力が認められて、今回資産税担当として抜擢されたのです。
お調子者で楽観的。しかし負けず嫌いの性格から、資産税担当になったことで、今はヤル気満々です。
相続税案件を何件か担当し始めましたが、現場での経験がないので苦労しているようです。

そんな西田君の補助を行うのが、入社3年目の祐子ちゃんです。
年齢は20代前半と西田君より年下で、相続税の勉強も特にしたことがありませんが、所長の補助として相続税案件を何件も手伝ってきたことから、西田君よりも経験があります。

そんな二人が、色々な相続案件に携わっていきます。
では、早速高橋会計を覗いてみましょう…。

平成29年11月

税理士・行政書士　吉野広之進

目次

1 遺言書があったので遺産分割協議書は必要ない？ 1
　　〜争続にならないための遺産分割協議書の作成〜

2 戸籍調査は手を抜いちゃダメ 7
　　〜相続人は本当に兄弟二人で間違いない？〜

3 遺言書 13
　　〜遺言書は大事だけど、本当に本意が表されているのか？〜

4 養子縁組や遺言をする予定だったのに… 23
　　〜相続が起きてからでは間に合わない!?〜

5 相続人の判断能力の確認（成年後見制度） 33
　　〜成年後見制度の利用と特別代理人の選任〜

6 家族信託（その１）ベーシック 41
　　〜目指せ水戸黄門！〜

7 家族信託（その２）受益者連続型 51
　　〜孫の代までの遺言書を書きたい？〜

8 家族信託（その３）応用例 57
　　〜夫の実家から引き継いだ財産の行方は？〜

9 生前贈与と養子縁組の順番？ 61
　　〜贈与と養子縁組、どっちが先？〜

10 生前贈与の規模 69
　　〜安易な贈与では節税効果が薄いかも!?〜

11 教育資金の贈与、結婚子育て資金の贈与 …………… 75
〜相続財産に加算される場合がある？〜

12 住宅取得資金の贈与 ………………………………… 81
〜しっかり手続き・申告しないと大損!?〜

13 相続対策で等価交換 ………………………………… 93
〜売却予定地は誰の名義？〜

14 自社株式と貸付債権 ………………………………… 101
〜自社への貸付金で相続税が増額!?〜

15 相続対策としての不動産の売却時期 ……………… 109
〜不動産を手放すのは生前か？相続後か？〜

16 分筆手続きは生前？相続後？ ……………………… 119
〜安易な「共有」はトラブルのもと!?〜

17 生命保険金の受取人 ………………………………… 127
〜受取人は誰の法定相続人？〜

18 全額債務控除できない？ …………………………… 135
〜長期の預り敷金は要注意!?〜

19 雑種地の賃借権 ……………………………………… 143
〜契約書の「自動更新」の文言が評価に影響？〜

20 アパートや貸家の敷地の評価 ……………………… 151
〜アパートの駐車場は誰が使っている？〜

21 有料老人ホームの入居者 …… 161
～入居一時金って返ってくるの？～

22 相続税の申告期限っていつ？ …… 167
～相続開始後10か月じゃなかった？～

23 もっと早く聞いておけばよかった① …… 177
～相続人に未成年者がいた！～

24 もっと早く聞いておけばよかった② …… 189
～うちのじいちゃんは社長だったの？ 見落としがちな会社への貸付金～

25 もっと早く聞いておけばよかった③ …… 195
～過去に実体験・実感した様々な事例～

26 相続税の納税方法①物納 …… 205
～昔は物納って簡単だったけどなぁ～

27 相続税の納税方法②連帯納付義務 …… 213
～妹の相続税まで払わなきゃいけないの？～

28 農地等の納税猶予① …… 223
～申請から申告まで～

29 農地等の納税猶予② …… 229
～申告から免除まで～

30 生産緑地・2022年問題 …… 235

1 遺言書があったので遺産分割協議書は必要ない？
～争続にならないための遺産分割協議書の作成～

西　田：所長、相続税の申告書の準備ができたので事前決裁をお願いします。

所　長：9月に亡くなったおじいさんの相続だね。
相続人は奥さんとお子さん2名の計3名で、たしか公正証書遺言が遺されていた案件だったかな？

西　田：はい。相続開始後に、公正証書遺言が作成されていることが分かったそうです。
相続人全員で内容を確認した際に、ご長男が「お父さんの遺志だから、遺言書に書いてある通りにしよう」と提案して、奥さんと二男の方も承諾したらしいです。

所　長：承諾したらしい？
承諾したかどうかは確認できていないということだね。
相続人全員との面会はしていないのかい？

祐　子：遺言書には「すべてを長男に相続させる」と書かれていたこともあり、当所へ来られたのは依頼者のご長男一人なんです。

西　田：相続する人が、ご長男一人だけなので、他の相続人に会う必要もないかなと思っていました。

所　長：遺産分割協議書の作成については、説明したのかね？

西　田：遺言書は、公証役場で作った公正証書遺言だったので、遺産分割協議書を作る必要はないかと思ったのですが…。

解説

　配偶者が先に死亡している場合の相続などで、相続人が子、孫、養子などの立場の方1名のみであった場合は、その1名が唯一の相続人となります(ケース1)。

　被相続人に配偶者はいるが子などがなく、両親も先に死亡していた場合は、配偶者と兄弟姉妹が相続人となります。被相続人が遺言書を残していなければ、配偶者と兄弟姉妹が相続人となります(ケース2)。

　この場合で「配偶者にすべてを相続させる」という内容の遺言書が遺されている場合は、兄弟姉妹に遺留分の減殺請求権がないことから、事実上配偶者が唯一の相続人となります(ケース3)。

・ケース1の場合は法定相続人が1名であることから、遺産分割協議書を作成する必要性はありません。
・ケース3の場合も事実上の相続人が1名のみとなることから、遺産分割協議書の作成は必要ありません。
・ケース2やその他の場合で、相続人が複数いる場合は、遺産分割協議書の作成が必要となります。

　今回の事例のように、遺言書が遺されており、他の相続人がその内容に異議を唱えず、遺留分の減殺請求も最後まで行われないケースであれば、遺産分割協議書の作成は必要ありません。

　しかし、民法では、遺留分の減殺請求の期限は遺留分権利者が、相続の開始があったことを知ったときから1年であり、相続税の申告期限である10か月よりも2か月も長く設けられています。

　また、相続税法には「小規模宅地等」や「配偶者の税額軽減」などの特例適用においては「遺産分割協議書」などの添付が要件となっているものがいくつかあります。

このため、相続税申告の実務において、
　・「遺言書の内容を相続人の全員が承諾している場合」には、
　・「相続人全員の同意」を得て
　・「遺言書と同一内容の遺産分割協議書」を作成し、
　・「相続人全員の署名捺印」を受ける
というケースが少なくありません。

　これにより、前述の相続税法の特例の要件を期限内に満たすことができます。
　また、遺産分割協議書に相続人全員の署名捺印をもらうことで、後日の「遺留分減殺請求」などを避けることもできます。

　今回の事例では、「すべてを長男に相続させる」という内容の公正証書遺言が遺されていました。
　西田君は、「財産を取得する者が長男1名のみであること」から、他の2名には面会しないで作業を進めてしまったようです。

　「我が家では、争いも起きないし、誰も遺産分割で文句を言ったりなんかしませんよ」
　ご遺族である被相続人の配偶者がそう言っていた数か月後、遺留分の減殺請求に関する通知が届くというケースを、過去に何回か経験しています。

　相続開始から間もないときに、「被相続人の遺志を尊重したい」と言っていたことは嘘だったとは思えません。
　しかし、相続開始後、時の経過の中で「想い」が変化することもあり、また「もらえるものは、もらえるときに、もらっておけ」など近親者か

ら説得されたなどのケースも少なくありません。

「父の遺志を尊重しよう」と全員の意見が一致しているときに、相続人全員で「公正証書遺言」に沿った内容の遺産分割協議書を作成し、署名捺印をもらう準備をしておくことも、相続争いを起こさないための我々専門家の仕事かもしれません。

【民法】
第1028条（遺留分の帰属及びその割合）
　兄弟姉妹以外の相続人は、遺留分として、次の各号に掲げる区分に応じてそれぞれ当該各号に定める割合に相当する額を受ける。
　一　直系尊属のみが相続人である場合　被相続人の財産の3分の1
　二　前号に掲げる場合以外の場合　被相続人の財産の2分の1

第1042条（減殺請求権の期間の制限）
　減殺の請求権は、遺留分権利者が、相続の開始及び減殺すべき贈与又は遺贈があったことを知ったときから1年間行使しないときは、時効によって消滅する。相続開始のときから10年を経過したときも、同様とする。

税理士法第33条の2　添付書面の記載例
≪ケース1≫の場合
　配偶者が先に死亡しており、長男が唯一の法定相続人であり、遺産分割協議書の作成を行っていない。
　このため、当該申告書へ遺産分割協議書の添付はないが、小規模宅地等の特例の要件を具備していることから、同特例の適用を行っている。

≪ケース3≫の場合
　被相続人に子はなく、両親も先に死亡していることから法定相続人は、

配偶者と兄弟姉妹となる。
　被相続人は生前に「すべての財産を配偶者に相続させる」旨の公正証書遺言を遺している。
　民法の規定により兄弟姉妹には遺留分の減殺請求権がないことから、当該相続における相続人は実質的に配偶者のみとなる。
　上記により遺産分割協議書の作成を行っていないが、配偶者の税額軽減に関する要件を具備していることから、同特例を適用して税額計算を行っている。

例1

続柄	民法	
	相続分	遺留分
妻	1/2	1/4
長男	1/6	1/12
二男	1/6	1/12
長女	1/6	1/12

例2

続柄	民法	
	相続分	遺留分
妻	2/3	1/3
父	1/6	1/12
母	1/6	1/12

例3

続柄	民法	
	相続分	遺留分
妻	3/4	3/8
弟	1/4	

2 戸籍調査は手を抜いちゃダメ
～相続人は本当に兄弟二人で間違いない？～

祐　子：西田さん、なんだか機嫌がよさそうですね。

西　田：相続税の申告書の作成が、もうすぐ終わりそうなんだ。

祐　子：財産が複雑で、だいぶ苦労していた案件ですね。

西　田：そうなんだよ。だいぶ時間がかかっちゃってさ。

祐　子：財産も複雑だったけど、家族関係も複雑だったりして。

西　田：そんなことないよ。
　　　　以前にお父さんが亡くなって、今回はお母さんの相続だったんだけど、相続人は長男と長女の2名だって聞いているから問題なしさ。

祐　子：2名だって聞いている？
　　　　西田さん、もしかして、聞いているだけで、戸籍の確認をしていないんですか？

西　田：相続人が持参した現在の戸籍は確認したよ。

祐　子：被相続人の出生から死亡までのすべての戸籍を確認していないんですか？

西　田：だって相談に来た相続人の兄妹2人が、「相続人は私たち2人だけです」って言っているんだよ。
　　　　わざわざ戸籍を取る必要ないよ。

所　長：2人で何を揉めているんだね。

祐　子：あっ、所長。
　　　　西田さんが、現在の戸籍だけで相続人の確定を終わらせようとしているんです。

所　長：依頼者から聞いた内容で作業を開始する関与初期のころは仕方ないとしても、最終的にはすべての戸籍を確認する必要があるね。

西　田：本人たちが、「相続人は２人しかいない」って言っていても、戸籍を取らなければなりませんか？

祐　子：不動産の相続登記や預金の名義変更などの際には、戸籍が揃っていないと法務局や金融機関は手続きをしてくれませんよね？

所　長：そうだね。最終的には、すべての戸籍を揃えることになるね。
相続税などの「計算」に関しては、結果的に２人であれば、数値に影響はない。
しかし、稀ではあるが、本人たちが知らない相続人がいる場合があるから、やはり我々専門家は、専門家であるからこそ、戸籍の確認を省略してはならないんだよ。

西　田：家族の知らない相続人って…。
どんなケースなのか、僕には想像できないなぁ～。

解説

　各種名義変更などの相続手続きや相続税申告に関する必要書類として戸籍や住民票、住民票の除票の取得は必要不可欠です。

　手続き開始当初は、「法定相続人の人数」や「誰が相続人なのか」という情報について、相続人からの聴取りに基づいて作業を開始することは多々あります。

　また、作業途中においても不動産や預貯金などの財産把握やその評価に重点が置かれがちになり、戸籍調査が後回しになってしまうケースもあります。

　経験から、依頼者の聴取りによる法定相続人と、正確な戸籍調査によ

る法定相続人は99％以上の確率で一致しますが、極稀に戸籍調査の結果、「その人誰？」と相続人自身が首をかしげてしまう案件に出くわすのも事実です。

　一般の方が、日常生活で「出生から現在までのすべての戸籍の確認をしてみる」ことは、あまりありません。

　このため、相続手続きの過程で「父と母は初婚同士だと思っていたら、実は再婚だったんだ！」というような事例に、遭遇することも稀にあります。

　家族の知らない(伝えていない)過去を持つ方は意外に多いようです。

　その他、関連して下記のような事例がありました。
・被相続人には配偶者も知らない、認知した婚姻外の子がいた
・父(母)は再婚で、前妻(夫)との間に子がいた
・夫の両親と養子縁組をした。その後、自分が知らないうちに離縁(養子縁組の解消)され、戸籍上、相続人ではなくなっていた
・自分が長男だと言われ育ってきたが、戸籍上は二男となっており、戸籍上の長男は自分が生まれる前に養子に出されていたため、一度も面識がない
・30年ほど前に家出し、失踪宣告を受けていた弟が、相続手続きの最中に突然帰ってきた
・子供の頃から「親戚の人」と紹介されていた人が、戸籍上は異母(父)兄妹であった
・夫より先に長男が死去しており、その長男の子が代襲相続人であると思っていたが、戸籍を入手すると、「特別養子縁組」の記載があった
・父(母)の相続のために戸籍を取得したところ、父と母は「婚姻届」

を出していなかった
- 母の死からだいぶ時間も経っており、父に交際相手ができたことは聞いていたが、父の相続開始の数日前に「婚姻届」が出されていた

　過去に私の事務所でも、取得した戸籍の読取りを誤るというミスがありました。
　幼少期に養子に出された子がいたのですが、その者を法定相続人とカウントすることを漏らしてしまったのです。
　相続税の申告期限の直前に、相続登記を依頼した提携の司法書士事務所より「法定相続人の数に誤りがありますよ」と指摘を受けたことから、私のミスが判明したケースです。
　依頼者にその内容を伝えると「ほかに兄妹がいるなんて聞かされていなかった」とのことで依頼者自身も驚いていました。
　慌ててその相続人の居所や連絡先を調べ、依頼者と一緒に会いに行きましたが、その相続人は、被相続人が死亡したことどころか、自分が法定相続人であることさえ知りませんでした。
　その者の法定申告期限は、「相続があったことを知った日（私が会いに行って相続開始があったことを説明した日）の翌日から10か月」となりましたが、元々の依頼者の申告期限が延びるわけではありません。
　相続税の申告書の法定相続人の人数は、正しい人数で計算し直し、未分割事案として、法定相続分に応じた当初申告を行い、後日、法定相続人全員で遺産分割協議を行いました。
　結果的に、大きなトラブルにはならずに済みましたが、私の戸籍の見落しで依頼者に迷惑をかけてしまうところでした。
　以降、当事務所では戸籍の取得は関与当初に行い、更に取得後の戸籍のチェックは複数人で行うなど、ミスの再発を防ぐように努めています。

相続に関連する手続きや相続税申告を依頼されるほとんどの案件には、相続財産として不動産があります。

　前述の通り、相続登記手続きの際には、司法書士が戸籍謄本を取得し、法務局に添付書類として提出することとなります。

　このため、「戸籍は司法書士さんが取るから…」と、相続税申告時には戸籍の取得を省略しているケースを見かけます。

　相続手続きと並行して司法書士さんが関与される場合はまだしも、大抵は財産確定や遺産分割協議を了してから司法書士が動き始めることが多く、その段階で、前述の例のように法定相続人の数に影響が出るような、そのお宅の歴史がつまびらかになるような事象が発覚した場合には、相続人間でのトラブルなどの原因を専門家である我々が作ってしまうこととなります。

　相続手続きなど、関与初期の段階で、戸籍の取得をし、法定相続人の特定を行うとともに各相続人の現在の住所や連絡先を明確にしておくことが、トラブルの未然防止につながります。

　平成29年5月29日より「法定相続情報証明制度」が始まり、法務局に申請することで、「法定相続情報一覧図」という「相続人関係図」が発行されることとなりました。

　従前通り被相続人や相続人の出生から現在までの戸籍などを取得し、法務局に提出することで、ある意味、法務局が戸籍の再チェックをしてくれる制度が始まりました。相続人の方が、金融機関などで行う各種相続手続きの際、戸籍謄本の束を何度も取得し、何度も提出する必要がなくなります。法務局の手数料は無料ですので、ぜひ活用したい制度です。

法定相続人情報証明制度（法務省パンフレット）を参照。
http://houmukyoku.moj.go.jp/yokohama/content/001224587.pdf

3 遺言書
～遺言書は大事だけど、本当に本意が表されているのか？～

祐　子：所長が出かけている間に「遺言書」に関する相談がありました。

西　田：それも、同時に2件です。

所　長：同時刻に2組の相談者が来所されたということかい？

西　田：はい。なので、祐子ちゃんと手分けして相談内容を聴き取りました。
2組とも後日、再度来所され、所長に直接相談したいそうです。

祐　子：以前に、遺言書を作成されたようですが、その内容に不安があるそうで、その遺言書を預けていくから見ておいてほしいそうです。

西　田：僕が対応した方も、同じような相談内容でした。
前に遺言書を自分で書いておいたけど、こんな書き方でいいのか不安になってきたそうです。

所　長：なるほど、それでは順番に聴き取った内容を教えてくれないか？

≪事例1、祐子ちゃんが対応した案件≫
(1) 遺言書の内容(簡記)
　　私が死亡した場合は、すべての財産を嫁1に相続させる。

【関係図】

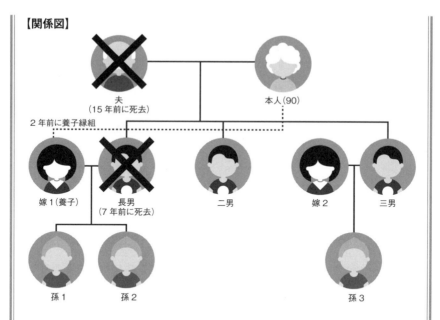

(2) 祐子ちゃんのメモ（相談事の趣旨）

・本人(90歳)と嫁1が来所。
・代々の農家に嫁いだ本人。しかし、夫は15年前に他界。
・家業である農業を継いでいた長男も7年前に他界。
・以降は、本人と嫁1とで田畑を耕作している。
・二男と三男はそれぞれに仕事（農業とは関連のない職業）を持っており、将来的にも農業に携わる意思はない。
・また、両名とも遠方に居を構えており、農業を手伝うことは距離的にも不可能である。
・本人は、実際に農業に携わっている嫁1に財産を相続させようと3年ほど前に遺言書を作成したが、二男と三男には何も伝えていない。
・本人の預貯金などの蓄えは微々たるもので、財産のほとんどは田畑である。
・2年ほど前に、本人の希望により、嫁1と養子縁組をした。
・養子縁組の際に本人は嫁1に以前作成した遺言書の内容を伝えた。
・養子縁組の件は、事前に二男と三男に伝え承諾は得ている。

(3) 嫁1の気持ちなど

・二男と三男とは、住まいが遠方であることから、お盆や正月に会う程度であるものの、仲良くしてきた。
・養子縁組の話を伝えたころから、嫁1に対する態度に、なんらかの変化を感じる。
・現在、農業を手伝うのは事実上、自分しかおらず、また、義母（養母）に何かあった際の農業後継者も自分しかいないことは理解している。
・相続の際に嫁（養子）である自分に農地を託してくれるという母の気持ちはうれしいが、実子である二男と三男がおり、また、嫁という立場で相続するということに抵抗があり、もめごとの火種になりはしないかが心配である。

≪事例2、西田君が対応した案件≫

(1) 遺言書の内容（簡記）

私が死亡した場合は、すべての財産を妻に相続させる。

【関係図】

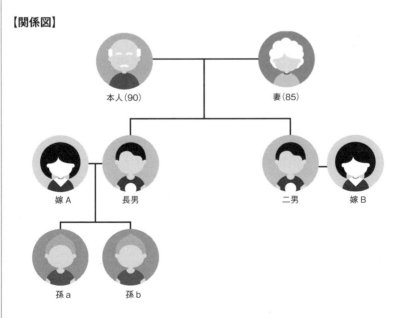

(2) 西田君のメモ（相談事の趣旨）

- 本人(90歳)と妻(85歳)が来所。
- 数年前に二世帯住宅を建て、二男家族と同居している。
- 二男家族に子はいない。
- 長男と二男は、子供のころから仲が良い。
- 自分に何かあったときのために、前述の遺言書を作成。

◎当初は話しにくそうでしたが、下記の事情があるようです。

- 長男夫婦は、不仲が続いており、数年前より、事実上別居している。
- 長男は離婚をしたいが、嫁Ａが離婚には応じない。
- 長男自身は特に蓄えもなく大きな財産はない。
- 嫁Ａは離婚の際に財産分与を求めるつもりのようである。
- 本人と妻が死去し、長男が財産を相続した後に離婚をすることにより、受け取れる財産分与の額が多くなることを期待しているようである。

解説

　相続や相続対策の相談に来られる方々は、それぞれの事情や、それぞれの歴史、それぞれの想いをお持ちになっています。

　「自分がいなくなったとき（後）のこと」に想いを馳せ、他人である専門家に相談に来られるということは、一般の方にとっては、非常に重い決断の上、相当の覚悟をされてのことだと思われます。

　相談者は、日ごろから心の中に積もった想いや悩みを、我々専門家に「相談」という形で吐露することにより、少し肩の荷を下ろされるようです。

　我々専門家は、毎日のように色々なご家庭の込み入った相談事を受け、また、見聞きすることから、少し慣れっこになりがちですが、相談者それぞれが抱えた、重い想いの一つひとつを聞き逃さないようにヒアリングし、その上で専門家として解決策の一助となる方策を提案しなければ

なりません。

≪事例1の実務対応≫

さて、事例1ですが、農家のご家庭です。

農家を営んでいる方は、代々苦労してその農地を引き継ぎ、守って来た歴史があり、「自分の代で農家を終わらせてはご先祖様に申し訳ない」、「農地は先祖からの預かりもの。何とかして次の世代に引き渡すのが自分の使命」という想いを強く持った方がほとんどです。

このため、農業を継いでくれる次世代を大切にされるのは当然のことだと感じます。

今回のケースでは、残念ながらご主人を早くに亡くし、農業後継者と目されるご長男も若くして亡くなっています。

その状況の中で、実際に田畑を一緒に耕作している嫁1にすべてを託したいと考え、「すべて嫁1に」と遺言されたようです。

しかし、養子縁組したとはいえ、「嫁」という嫁1さんの立場からは、また違った風景が見えるようです。

養子縁組以降に義弟の態度に変化があったというのは、もしかしたら嫁1の思い過ごしかもしれません。しかし、そう感じられるのであれば、将来への不安が募ります。

状況が似た事例が過去に何件かありました。

それらの場合、まずは、我が家の将来を心配されているご本人に時間をかけてお話を伺います。

その中で、不安に思っている事柄や、他の解決策のきっかけを一緒に模索します。

そして、嫁1さんにもじっくりお話を聞き、何がベターな解決策かを一緒に考えます。

今回のケースでは聴取りによって、孫1（長男の子）の男性が、近い将来、勤めを辞め家業である農業を継ごうかと考えていることが分かりました。

孫として、祖母（本人）や母（嫁1）の年齢などを考えると、そろそろ限界かなと思っていたそうです。

そのため、本人、嫁1、孫1でいわゆる家族会議を開くことを提案し、その家族会議の結果、孫1が翌年退職し、農業を承継していくことに決まりました。

その結果を受けて、遺言書は次の通り書き換えました。

遺言書

一、私が死亡した場合は、すべての財産を孫1に相続させる。

一、遺言執行者として孫1を指定する。

【付言事項】
「二男三男には相続させるものがなく、申し訳ないと思っています。我が家は代々農家であり、私の代で家業を途絶えさすわけにはいきません。長男が生きていれば、跡継ぎである長男に引き継がせることとなったはずです。その代わりとして、孫1に家業を託すこととしました。亡くなった父さんも同じ気持ちでいるはずです。私の気持ちを皆が理解し、仲良くしてください。母より」

平成〇年〇月〇日

氏名　〇〇〇〇

≪事例２の実務対応≫

　嫁Ａさんが、財産目当てで離婚せず、義父母が亡くなるのを待っているとしたら、残念な話です。

　しかし、嫁Ａさんの立場としては、「もらえるものは少しでも多いほうがいい」という気持ちも分からないではありません。

　このようなケースは、レアケースのように思われがちですが、これも残念ながら、似た状況の相談が増えてきているのが実情です。

　本人、妻、長男等に詳しい状況や、それぞれの想いをヒアリングしたのは言うまでもありませんが、それらを総合勘案して、今回の事例では3種類の提案をし、その中から、関係者にとってベターな方法を選んでもらいました。

[第1案]

　(1) 本人と妻の2名が遺言書を作成
・本人の遺言書
　「すべての財産を妻に相続させる。自分より先、又は同時に妻が死亡した場合には、すべての財産を孫aに相続させる」
・妻の遺言書
　「すべての財産を夫に相続させる。自分より先、又は同時に夫が死亡した場合には、すべての財産を孫aに相続させる」
　(2) 理由
　嫁Ａさんとの関係は修復不能のように感じられましたが、本人・妻、長男と孫aの関係は良好のようでした。
　本来は、本人から長男へ、長男から孫aへと引き継いでいきたいところですが、長男が引き継ぐ可能性があるうちは、長男夫婦の離婚が進まないように思われます。

一世代飛ばすこととなり相続税も2割加算となりますが、本人・妻の代から孫へ相続させることで、長男夫婦の離婚の話が進むことを期待します。

仮に、長男夫婦の離婚がまとまり、その時点で本人も妻も元気であれば、遺言書を「すべての財産は長男に…」と書き換えることも可能です。

[第2案]

(1) 本人、妻、二男、嫁Bの4名が遺言書を作成

・本人の遺言書

「すべての財産を妻に相続させる。自分より先、又は同時に妻が死亡した場合には、すべての財産を二男に相続させる」

・妻の遺言書

「すべての財産を夫に相続させる。自分より先、又は同時に夫が死亡した場合には、すべての財産を二男に相続させる」

・二男の遺言書

「すべての財産を妻に相続させる。自分より先、又は同時に妻が死亡した場合には、すべての財産を甥(孫a)に遺贈する」

・妻の遺言書

「すべての財産を夫に相続させる。自分より先、又は同時に夫が死亡した場合には、すべての財産を義甥(孫a)に遺贈する」

(2) 理由

「兄弟仲がよい」、「二男夫婦に子がいないことから将来は甥(孫a)に財産を引き継ぐことを考えている」などのヒアリングができました。

このことから、本人・妻に何かあったら、二男夫婦に財産を託す方法を提案しました。

二男に何かあった場合、嫁Bさんに財産を託すのは当然とはいえ、

その後の嫁Bさんに何かあると、それらのすべての財産は嫁Bの親族側に相続されてしまいます。

このため、嫁Bさんも含めた4名が遺言書を作成することがベターとなります。

第1案同様に、後日心配事が解決した場合は、遺言書を「すべての財産は長男に…」と書き換えることも可能です。

[第3案]

(1) 家族(民事)信託を使った提案
　・本人、妻が所有している財産を信託財産とする。
　・受託者：長男、受益者：孫a(二男でも可)とする。
　・受益者連続型信託とし、本人、妻、孫aの順で受益権が引き継がれるものとする。

(2) 理由

今回の相談は、「税」には直接的に関連しない相談です。

前述の遺言書による対策の問題点として、遺言書は書換えができてしまう点を挙げておきます。

このため、家族信託という「契約」により、相続ではなく、「受益権」を引き継いでいくことを提案しました。

家族信託契約の条項に「解約・変更等は双方の同意を要す」のような記載をしておくことで、遺言書のように簡単に変更できないようにすることが可能です。

長男が受益者に名を連ねないことから、長男には何ら受益権(財産など)が引き継がれません

※家族信託に関しては、別項6、7、8を参照、また、「ゼロからはじめる『家族信託』活用術」(2018年1月刊行予定)を参照。

≪相談者の選択≫

　過去にあった事例としては、第1案又は第2案を選ばれる方が大半でした。

　その中でも第1案を選ぶ方が一番多く、次が第2案という割合でした。第2案は、嫁にまで遺言書を書かせるなど、比較的影響を及ぼす範囲が広くなるなど、第1案のほうがシンプルというのがその理由のようです。

　最近では、雑誌やTVなどで「家族信託」に関する記事や番組が紹介されることが増えてきました。

　これにより、一般の方の家族信託に関する理解が深まってきたようで、第3案を選択される方も増えてきました。

　人の気持ちや想いが関係することから、「これですべて解決」という案や策が見つかるとは限りません。

　正解のない中から、より、そのご家庭に適した方法を探し出す努力をすることが、正解に近づく唯一の方法と思われます。

4 養子縁組や遺言をする予定だったのに…
～相続が起きてからでは間に合わない!?～

ある日、高橋会計に一本の電話がありました。
相続税について相談したいという女性から、近くにいるのですぐに来所したいとの内容。所長と祐子ちゃんは他の案件で出張中であったため、西田君が対応することになりました。

西　田：相続についてのご相談ということでしたが、どなたかがお亡くなりになったということでしょうか？

相談者：はい。2か月前に私の弟が亡くなりました。

西　田：（戸籍を見ながら）弟さんはお独りだったんですね。

相談者：はい、結婚もせず仕事ばかりしていましたので。

西　田：ご兄弟はお姉様お一人のようですね。

相談者：はい、父母は既に他界しています。
　　　　ほかに兄弟はいないので相続人は私一人ってことですよね。

西　田：そうなります。
　　　　（提示された通帳類を見ながら）
　　　　弟さんの通帳を拝見すると、相当な額の残高があるようですね。

相談者：仕事、仕事で趣味もなく…。
　　　　お金を使うことに興味がなかったんですね。

西　田：生命保険の加入などはありましたか？

相談者：あったようですが、まだ弟の遺品整理が終わっていないので、後日証書などが出てくると思います。

西　田	：そうですか。急逝されたようですね。
相談者	：弟は、古風なところがあって、「自分には子供もいないし、姉さんは嫁いでいる。このままだと我が家は自分の代で終わってしまうので、姉さんの息子を養子にできないか」って、言っていました。 私の息子も承諾していて、退院したら市役所に手続きに行く予定でした。 しかし、病気の進行が早くて…。
西　田	：それでは、養子縁組の手続きはできなかったんですね。
相談者	：はい。間に合いませんでした。 弟の遺志を尊重して、弟の遺産は、私の息子に渡したいのですが…。
西　田	：弟さんは遺言書を書かれていますか？
相談者	：遺言書はないはずです。 最後まで、本人は元気になって退院するつもりでいました。
西　田	：遺言書で財産を託すことを遺贈といいますが、息子さんは、弟さんの法定相続人ではないので、遺言書がなければ遺産を直接渡すことはできません。 遺言書もなく養子縁組もされていないと、法定相続人であるお姉さん以外の方はどなたも相続できないのです。
相談者	：仕方ないですね。 ところで税額はどのくらいですか？
西　田	：今日お持ちの資料だけで、簡易計算すると、弟さんの財産は不動産と預貯金などの合計で2億円くらいになりそうです。 法定相続人がお姉様のみの1名で計算すると、相続税は5,000万円前後となりそうです。
相談者	：5,000万円！！

そんなにかかるんですか！
私の夫の実家の相続では、もっと財産があったようですが、税額はそんな高額ではなかったはずです。

西　田：平成27年に相続税の改正がありました。
基礎控除が大幅に下がったこともあり、以前の相続に比べて相続税は割高に算出されることになります。
また、ご主人のご実家の相続の際は、相続人が複数名いらしたのではないでしょうか？
相続人の人数は、非課税の計算や基礎控除、税額計算など、いくつもの計算に関係します。
弟さんの場合は法定相続人がお姉様1名なので、基礎控除が少なく、その結果、税率も高くなってしまいます。

相談者：息子を養子にしていれば安くなったということですか。

西　田：それが、今回のご相続に関しては、たとえ息子さんを養子にしていたとしても、相続人の人数が1名なことに変わりはないんです。
今回はお子さんがいらっしゃらなかったので、兄弟姉妹であるお姉さまが相続人となりましたが、息子さんが養子となった場合、子である息子さん1名が相続人となります。

相談者：そういうことだったんですか。
相続税の負担額に変わりがないのでしたら、まだ救われた気がします。
でも、できれば生前にきちんと手続きをしてあげたかったですね…。

解説

相続に関する対策方法は数多くありますが、残念ながら、ご本人が亡くなられてからでは、ほとんど打つ手はありません。

入院中などであっても、ご本人に法的判断能力があり、意思表示ができるタイミングでご相談をいただければ、打つ手はあったものと思われます。

今回のケースから、養子縁組と遺言書について少し考えてみましょう。

1 養子縁組

まず、養子縁組についてです。

もし、税額の圧縮のみを目的とした、むやみな養子縁組であれば、お勧めはいたしません。

しかし、今回のケースのように託したい相手がいる場合は、生前に準備しておくことで想いを実現できた案件であると思います。

私の事務所に相談があった他の事例を紹介しますが、実際に実現できるものと難しいものがあります。

≪相談1≫ 養子縁組をしたいが、養親となる夫が入院しており、役場に行けない。

≪対応1≫ これは、相談者の勘違い事例です。

養子縁組は、役場に本人が出向かないと手続きできないと思い込んでいたようです。

極端な場合は、関係者一同、全員が役場の窓口に出向かないと養子縁組はできない…と誤解されていて、下記のような手続きの概略を説明すると「なんだ、簡単なんだね」と仰る方も少なくありません。

手順を簡記すれば下記の通りです。

①養子縁組届の用紙を入手し、大部分は妻(代筆)や養子となる者が記入しても可
②その後、ご主人(養親)は病室で署名・捺印
③証人2名が住所・氏名等を記入・捺印
④「養子縁組届」を役場に提出
　(記入の不備や添付書類等の不足がなければ、原則として養子縁組の手続きは完了です)
⑤確認のためにも養子縁組が記載された戸籍謄本等を取得

≪相談2≫　孫(長男の子・未成年)と養子縁組したいが、妻が反対してる。

≪相談3≫　孫(長女の子・成年)と養子縁組したいが夫が反対している。

　相談2と相談3は内容的には、ほぼ同じ相談ですが、養子となる者が成年か未成年かが大きな相違点となります。

≪対応2≫　相談2の場合は、配偶者とともに養子縁組をしなければなりません(民法第795条)。

　未成年者を養子にする＝親権者となり、未成年者を保護する立場になることから夫婦二人ともが養親になりなさいという意味合いでしょうか。

≪対応3≫　相談3の場合は、配偶者の『同意』を得なければなりません(民法第796条)。相談2と違って、共同で養子縁組をする必要はありません。

　成年者の養子ですから前述のような保護的意味合いが不要となるのでしょうか。

≪相談4≫　長男の嫁(外国籍)と養子縁組したい。
≪対応4≫　まず、日本の法律を優先するのか、外国の法律を優先するのかが問題になります。

外国の方を養子に迎える場合、国際的なルールでは、養親の国の法律が適用されることとなります。

このため、第一義的には、日本の法律に基づいて「養子縁組届」を作成して市町村の窓口に提出することとなります。ただし、相手の国によって提出書類等が変わる場合があるようです。

市町村の戸籍係等に出向き、事情を説明すると法務省等に確認しながら手続き方法を教えてくれます。

外国の方を養子に迎えたいとの相談があった場合には、早い段階で提出先の市町村窓口で必要書類の確認が必要となります。

≪相談5≫　遺言書に「孫の○○を養子に迎える」と書きたい。
≪対応5≫　残念ながら、遺言書での養子縁組はできません。

養子縁組は、両者が生存中でなければ手続きできません。

【養子縁組の許可について(裁判所HPより)】
1．概要
　未成年者を養子とする場合は、家庭裁判所の許可が必要です。
　ただし、自己又は配偶者の直系卑属(子や孫等)を養子とする場合は、家庭裁判所の許可は必要ありません(養子又は養親となる人が外国人の場合は、家庭裁判所の許可が必要となることがあります。)。
　また、養親となる人に配偶者がいる場合は、原則として、夫婦が共に養親となる縁組をすることが必要となります。

> なお、養子となる人が被後見人（未成年被後見人及び成年被後見人）であって、養親となる人がその後見人である場合には、上記とは別に、家庭裁判所の許可が必要となります。このような場合には、事前に、後見人を選任した家庭裁判所に手続きを確認してください。
> 2．申立人
> 　養親となる者
> 3．申立先
> 　養子となる者の住所地の家庭裁判所
> http://www.courts.go.jp/saiban/syurui_kazi/kazi_06_08/

2　遺言書

(1) 本人が字を書くことができる場合

　いわゆる自筆遺言で対応できます。

　体調不良等により長文は難しくても、30文字くらいなら何とか書ける、という方なら「私の財産のすべてを甥〇〇〇〇に相続させる。遺言執行者〇〇〇〇、作成日付、氏名」とメモ用紙に記載し、認印で構わないので押印できれば法的には有効です。

(2) 本人が字を書くことができない場合

　自筆で記載が難しいようであれば、公正証書遺言により作成することとなります。

　入院していて公証役場に行くことが困難な場合は、公証人が入院先に出張して公正証書遺言を作成します。

(3) 危篤状態などで、通常の遺言ができない場合

　危篤状態に陥っている場合には『危急時遺言』の方法で遺志を残す

ことができます(民法976条)。

　死亡の危急に迫った者を対象とした特別な遺言ですので、私はこのような事例を経験したことはありません。

　危急の状態で利害関係のない3名の証人が必要となることから、入院中の危篤患者が医師や看護師等に口頭で伝える遺言をすることになるのではないかと思います。ただ実際にこの危急時遺言が行われることは極めて稀なケースとなり、専門家でも対応が難しいケースとなるそうです。

　一般的には上記の(1)や(2)のケースで遺言書を作成することとなりますが、今回の事例のように、入院中に「退院したら市役所に手続きに行く予定でした」というような場合は、前もって専門家に相談しておき、遺言書を作成しておけば、弟さんの生前に養子縁組を行うことができ、想いをつなぐことができたかも知れません。

【民法】
第795条(配偶者のある者が未成年者を養子とする縁組)
　配偶者のある者が未成年者を養子とするには、配偶者とともにしなければならない。ただし、配偶者の嫡出である子を養子とする場合又は配偶者がその意思を表示することができない場合は、この限りでない。

第796条(配偶者のある者の縁組)
　配偶者のある者が縁組をするには、その配偶者の同意を得なければならない。ただし、配偶者とともに縁組をする場合又は配偶者がその意思を表示することができない場合は、この限りでない。

第968条(自筆証書遺言)
　自筆証書によって遺言をするには、遺言者が、その全文、日付及び氏名を自書し、これに印を押さなければならない。

第969条(公正証書遺言)
　公正証書によって遺言をするには、次に掲げる方式に従わなければならない。
　一　証人2人以上の立会いがあること。
　二　遺言者が遺言の趣旨を公証人に口授すること。
　三　公証人が、遺言者の口述を筆記し、これを遺言者及び証人に読み聞かせ、又は閲覧させること。
　四　遺言者及び証人が、筆記の正確なことを承認した後、各自これに署名し、印を押すこと。ただし、遺言者が署名することができない場合は、公証人がその事由を付記して、署名に代えることができない場合は、公証人がその事由を付記して、署名に代えることができる。
　五　公証人が、その証書は前各号に掲げる方式に従って作ったものである旨を付記して、これに署名し、印を押すこと。

第976条(死亡の危急に迫った者の遺言)
　疾病その他の事由によって死亡の危急に迫った者が遺言をしようとするときは、証人3人以上の立会いをもって、その一人に遺言の趣旨を口授して、これをすることができる。この場合においては、その口授を受けた者が、これを筆記して、遺言者及び他の証人に読み聞かせ、又は閲覧させ、各証人がその筆記の正確なことを承認した後、これに署名し、印を押さなければならない。

5 相続人の判断能力の確認(成年後見制度)
～成年後見制度の利用と特別代理人の選任～

西　田：所長！　大変です！

所　長：どうしたんだい？　相当慌てているようだね。

西　田：相続税申告の依頼を受けていたお宅に、今日お邪魔してきたんですけど、被相続人の配偶者である奥様が、どうやら認知症になってしまったようです。

祐　子：以前から年齢相応の物忘れなどはあったようですが、ご主人を亡くされ、急激に元気を失ったそうです。
　　　　ご家族が心配して病院で診察を受けたところ、認知症が進んでいるとの診断が出たようです。

所　長：奥さんの認知症の進行はどの程度なのかい？

祐　子：ご主人が亡くなったことが理解できないのか、理解したくないのか…。

西　田：息子さんに「あなた誰？」って聞いていました。

所　長：ご主人を亡くされたショックによる一時的なものではないのかい？

祐　子：主治医によると「残念ながら、ご主人を亡くされたことによる一時的なものではなく、脳の萎縮がみられる」ということでした。

西　田：お子さんたちは、できるだけ早く遺産分割をして、お父様の相続手続きを終わらせたいと言っていました。

> **所　長**：相続人のご希望通りにしたいところだが、成年後見制度を利用しないと遺産分割はできないかもしれないよ。

解説

　このようなケースは、当所が携わる相続案件や相談案件において、残念ながら、最近増加傾向にあります。

　相談者や相続人の方からのヒアリングの中で「うちのおばあちゃん、最近ボケてきちゃってるんです」という何気ない会話でその内容を知らされる場面があります。

　親戚のおじやおばと話している場面であれば「あらら、大変ですねぇ」で済みますが、税務や法務の専門家として相談者や依頼者から発せられた場合は、聞き逃せないキーワードとなります。

　完全に判断能力を失ってしまっている場合は、後述の成年後見制度の利用をしないと、処々の手続きを進めることができません。

　しかし、ご家族の言葉でいう「最近ボケてきちゃって」という表現の場合は、相当の注意が必要です。

　私自身も、20代の頃と比較すれば、記憶力が低下していることはもちろんですが、人や物の名前を度忘れしてしまったり、洗顔の際に外したメガネの置き場所を忘れて探してしまう程度の物忘れは、恥ずかしながら毎日のようにあります。

　いわゆる、「年齢相応のボケ」ではないですが、年を重ねると、ある程度の物忘れなどが増えてしまうのは仕方のないことです。

　「加齢による年齢相応の物忘れ」と「認知症」は異なります。

　この「年齢相応」から「完全な判断能力の欠如」までの間には、かなりの幅があり、その方が、その幅の中のどのあたりに位置しているのか

を判断するのは、なかなか難しいのが実情です。

1　成年後見制度の利用

　判断能力が不十分となってしまっている方が法律行為を行った場合は、その法律行為は無効になってしまう可能性があります。

　今回の事例のように、配偶者が判断能力を失っているような状態で作成した遺産分割協議書は有効とは言えないでしょう。

　このため、家庭裁判所に「配偶者の成年後見人の選任申立て」を行う必要があります。

　成年後見人の選任申立てに関する手続きは概ね以下の通りになります。

　　(1)　家庭裁判所へ成年後見人の選任申立て
　　(2)　家庭裁判所による事実確認や調査
　　(3)　精神鑑定
　　(4)　家庭裁判所より後見人選任の審判
　　(5)　審判の告知と通知

　私が経験した事例では、(1)の申立てから(5)の審判までの期間が、最短で3週間、最長で1年を超えたケースがありましたが、ほとんどの場合は、概ね2～3か月で審判がおります。

　裁判所へ提出する申立書の添付書類などの入手にも時間を要しますが、申立書の書式の中に「財産目録」があります。

　相続税申告書のように「財産評価」という作業はありませんが、配偶者の財産把握の作業が必要となります。

　このため、被相続人の相続手続きと同時進行で配偶者の財産把握を行うこととなり、手続きや作業が非常に煩雑となります。

　通常の相続税申告書の作成手順のほかに下記の手順による作業が必要

となります。

「配偶者の財産把握」→「申立書作成・提出」→「後見人の選任」→「遺産分割」→「相続税申告書の作成・提出」となります。

成年後見を受ける人、今回のケースでは被相続人の配偶者がこれに当たりますが、成年後見制度上は「成年被後見人」と呼ばれることとなります。

2　誰を成年後見人とするべきか（決めるのは家庭裁判所）

成年後見人は、原則として成年被後見人が死亡するまでの間、財産管理や身上監護を行うことになるため、一般的には、成年被後見人の家族が行うことが本来であると思われます。

今回のケースでは、配偶者が認知症となり、財産管理ができない状態ですので、成年後見人の選任が必要となり、その成年後見人には、子や孫などの親族が選任されるのが好ましいと思われます。

この場合には、「成年後見人選任申立書」の中に「成年後見人候補者には長男：○○を選任してほしい」旨を記載して提出することとなりますが、必ずしも親族が選任されるとは限りません。

最近の傾向としては、成年被後見人が一定額以上の財産を所有している場合は、家庭裁判所の判断によって面識のない弁護士や司法書士等の専門家が選任されるケースが増えています。

配偶者固有の財産はそれほどでなくとも、被相続人から相続する財産が加算されることから、相続税案件に関連して成年後見の手続きの必要性が出てきた場合は「原則、親族後見人は選任されず、弁護士・司法書士などの士業専門家が選任される可能性が高い」ことを想定して手続きを進める必要があります。

3 特別代理人の選任

　成年後見人に、今回の相続における法定相続人である、子や孫が選任された場合は、別途特別代理人の選任申立てが必要となります。

　これは、遺産分割に関する「母の成年後見人」としての立場と、「後見人自身の法定相続人」との立場が「利益が相反する関係」となってしまうため、遺産分割に関しては、成年後見人とは別に「配偶者の特別代理人」が必要となるからです。

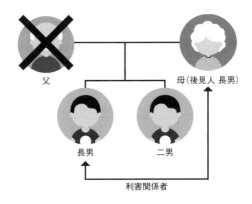

　また、相続人が未成年者である場合なども特別代理人の選任手続きが必要となり、この場合は、配偶者（未成年者の親権者）が申立て手続きを行うこととなりますが、今回の事例のように配偶者本人が判断能力を失っている場合は、配偶者が申立てをすることができません。

　このため、「成年後見人」が「特別代理人選任の申立て」を行うケースが出てきます。

　特別代理人の選任は、家庭裁判所に申立てを行ってから、少なくとも概ね2～3週間の期間が必要となります。

　この場合は、遺産分割に至るまでの時間（期間）が更に伸びてしまいます。

　相続税の申告期限は、相続開始後10か月ですので、成年後見と特別

代理人の両方の選任手続きが必要なケースの場合は下記の手続きが「申告期限に間に合うか」の注意が必要です。

「配偶者の財産把握」→「申立書作成・提出」→「後見人の選任」→「成年後見人による特別代理人の申立て」→「特別代理人の選任」→「遺産分割」→「相続税申告書の作成・提出」となります。

法務省民事局資料よりの抜粋（出展：法務省民事局のパンフレット）
Q. 成年後見制度って、どんな制度ですか？
A. 認知症、知的障害、精神障害などの理由で判断能力の不十分な方々は、不動産や預貯金などの財産を管理したり、身のまわりの世話のために介護などのサービスや施設への入所に関する契約を結んだり、遺産分割の協議をしたりする必要があっても、自分でこれらのことをするのが難しい場合があります。また、自分に不利益な契約であってもよく判断ができずに契約を結んでしまい、悪徳商法の被害に遭うおそれもあります。このような判断能力の不十分な方々を保護し、支援するのが成年後見制度です。

法定後見制度

	後見	保佐	補助
対象となる方	判断力が欠けているのが通常の状態の方	判断力が著しく不十分な方	判断力が不十分な方
申立てをすることができる人	本人、配偶者、四親等内の親族、検察官、市町村長など（注1）		
成年後見人等（成年後見人・保佐人・補助人）の同意が必要な行為	（注2）	民法13条1項所定の行為 （注3）（注4）（注5）	申立ての範囲内で家庭裁判所が審判で定める「特定の法律行為」（民法13条1項所定の行為の一部） （注1）（注3）（注5）
取消しが可能な行為	日常生活に関する行為以外の行為（注2）	同上 （注3）（注4）（注5）	同上 （注3）（注5）
成年後見人等に与えられる代理権の範囲	財産に関するすべての法律行為	申立ての範囲内で家庭裁判所が審判で定める「特定の法律行為」 （注1）	同上 （注1）
制度を利用した場合の資格などの制限	医師、税理士等の資格や会社役員、公務員等の地位を失うなど（注6）	医師、税理士等の資格や会社役員、公務員等の地位を失うなど	

（注1） 本人以外の申立てにより保佐人に代理権を与える審判をする場合、本人の同意が必要になります。補助開始の審判や補助人の同意権・代理権を与える審判をする場合も同じです。
（注2） 成年後見人が契約等の法律行為（日常生活に関する行為を除きます）をした場合には、仮に成年後見人の同意があったとしても、後で取り消すことができます。
（注3） 民法13条1項では、借金、訴訟行為、相続承認・放棄、新築・改築・増築などの行為が挙げられています。
（注4） 家庭裁判所の審判により、民法13条1項所定の行為以外についても、同意権、取消権の範囲とすることができます。
（注5） 日用品の購入など日常生活に関する行為は除かれます。
（注6） 公職選挙法の改正により、選挙権の制度はなくなりました。

6 家族信託（その1）ベーシック
～目指せ水戸黄門！～

祐　子：所長、先ほど関与先の徳川（ノリカワ）光国さんから電話があって、所有する空き地にアパートを建てたいので相談にのってほしいとのことです。

所　長：以前から話は出ていたけど、ついに決断したんだね。それで、アパートを建てた場合の税金のことを相談したいのかな？

祐　子：そうではないようです。
徳川さんも高齢になってきているので、もし、建築途中に認知症になってしまったらどうしたらいいのか、というようなご心配があるようです。

西　田：アパートを建てている間に、突然認知症になったりなんてしないんじゃないの？　心配しすぎだよ。

祐　子：でも、土地が広いので、まずは手前に1棟を建てて、完成後に、順番に2棟目、3棟目を建てるようです。

西　田：それだと1棟目の建築が始まってから3棟目の完成までは1年以上かかっちゃうかな？

所　長：以前に話が出ていたときは、開発申請や地盤調査が必要なので、2年がかりの事業になりそうだって言っていたはずだよ。

西　田：2年がかりですか。それでは、途中で認知症になったら、という心配もしてしまいますね。

祐　子：認知症になってしまったら…だけではなく、今回建てるアパートの家賃収入の管理やその他の財産についても、この際、ご長男の綱吉（ツナキチ）さんに任せたいとも仰ってました。

所　長：なるほど。だとすると「家族信託」を検討したほうがいいかもしれないね。

西　田：「家族信託」ですか？

所　長：西田君と祐子ちゃんは「家族信託」について、まだ知識がなかったね。
　　　　この機会に「家族信託」について説明しておこう。
　　　　唐突なんだが「水戸黄門」って時代劇を知っているよね？

祐　子：助さん・格さんに「ご隠居」と呼ばれ、諸国漫遊の旅を続けている、髭のおじいちゃんですよね。

西　田：「先の副将軍、水戸光圀公で在らせますぞ！　控え！　控え！」って、葵のご紋の印籠を出して、悪代官を成敗するってやつですよね。本名は徳川光圀でしたっけ？

所　長：家族信託の入り口は、その水戸の黄門様を思い浮かべると分かり易いかもしれなよ。
　　　　先の副将軍であれば、生涯、副将軍に君臨していてもよさそうだね。それなのに、誰かにその地位を任せて、諸国漫遊の旅をしている。ある意味悠々自適の生活を送っているよね。

西　田：副将軍って重要なポストですよね。それを息子か誰かに任せて、自分は引退したから「ご隠居」って呼ばれているわけですよね。
　　　　重要なポストを人に任せるって、すごく勇気がいりますよね。

所　長：歴史的事実やドラマの中のことは、さておき、生前、元気なうちに「財産」や「家長・戸主」という地位を次世代に託すという「隠居」という風習や制度が昔の日本にはあったんだよ。
　　　　昭和22年、民法改正で「隠居」の制度はなくなってしまったけど、この旧民法では「隠居」すると財産も含め次世代に引き継がれていたそうなんだ。

祐　子：現実的な話になってしまいますが、黄門様の旅費や生活費ってどうやって工面しているのか、心配になっちゃいますよね。

所　長：それでは、現代の黄門様を思い浮かべながら、家族信託の説明をしてみよう。

【現代の黄門様、徳川光国氏の心配事】
　今は元気だが、将来、認知症などになってしまったら、財産管理ができなくなってしまう。
　と心配になった徳川光国（ノリカワ ミツクニ）は、
「よし！　息子の綱吉（ツナキチ）に財産を託し、隠居して日本一周の旅に出よう」
「不動産や家賃収入などの管理をすべて綱吉に託そう」と考えました。
しかし…
「いや、待てよ。貸家の契約更新や修繕などが発生した場合、不動産の所有者である私が、契約書にサインするために旅先から呼び戻されるのはかなわんな」
「いやいや、認知症になってしまった場合は、そもそも契約自体ができないな。どうしよう」と悩んだ光国は、
「そうだ。名義を綱吉に変えてしまえば、所有者として綱吉がすべて管理や契約ができるぞ。生前贈与で名義を変えてしまおう」と思いつきました。
しかし…
「いや、待てよ。生前贈与をすると、多額な贈与税がかかるかな」
「んっ？　贈与で名義変更する際の登録免許税って割高だったんじゃないか？」
「いやいや、それどころか、贈与してしまうと、家賃収入も息子のものになってしまう。年金と家賃収入で諸国漫遊の旅費を捻出しようと思っていたのに、私の収入が減ってしまうじゃないか」
　光国氏の悩みは尽きません。
　　　「何かいい方法はないのじゃろうか？」

【家族信託について】
1　家族信託の概略
　家族信託の内容を簡記すると、
　　・財産を持っている人が
　　・信頼できる人などに
　　・信託(契約)をして
　　・財産を託し(名義を預け)
　　・一定の目的に沿って財産を管理等してもらうこと
となります。

　例えば、財産を持っている『父』が信頼できる『息子』に、この家族信託の制度を利用して財産を託すとします。
　この場合の、預ける側：父のことを「委託者」といい、預かる側：息子のことを「受託者」と言います。
　信託された財産(「信託財産」と呼びます)が貸家などの収益物件である場合、信託財産からの家賃収入などを受け取る権利は「受益者」が持つことになります。
　この「受益者」と「委託者」を同一とする信託契約を行うことで、委託者：父が持っている貸家からの家賃収入は、受益者：父に帰属する(戻ってくる)ことになります。

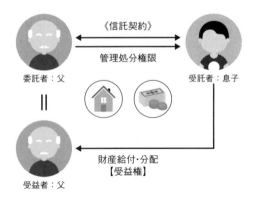

2　信託財産の名義変更

　ところで、信託契約に際して委託者：父が受託者：息子に託す不動産などの財産の名義はどうなるでしょう？

　登記原因を「信託」とする所有権移転の不動産登記をすることとなります。（「登記事項証明書への記載例」参照）

　登記上の所有者は、受託者である息子に変更になります。

　これにより、信託契約に基づく受託者として息子が財産の管理や処分を行えることとなります。

3　名義変更に伴う贈与税

　委託者：父から受託者：息子へ不動産の名義が変更されることから、贈与税の心配が出てきます。

　信託契約では、信託財産は委託者：父に帰属し、名義を信託契約に基づき受託者に変更する手続きです。

　贈与により所有権が移転するのではなく「信託」することから、贈与税はかかりません。

　「委託者は、信託契約に基づき、信託財産の名義を受託者に預けている」

　「受託者は、信託契約に基づき、信託財産の名義を委託者から預かっている」という表現が分かり易いかもしれません。

　銀行預金を例にとれば、預金者は銀行に預金を「預け」銀行は預金者から預金を「預かっている」こととなります。

　「預け・預かり」という契約ですので、預金者と銀行との間で「贈与」という概念はありません。

　名義は手続き上変更となっても、財産の帰属は委託者のままであるということになります。

4　名義変更登記費用

　不動産の名義変更登記の際には「登録免許税」がかかります。

　一般的には固定資産税評価額に登記原因（理由）ごとに異なる税率を

乗じて計算することとなります。

> （登録免許税の税率）
> ・土地の売買　　　20／1,000（15/1,000）
> ・土地の贈与　　　20／1,000
> ・土地の相続　　　4／1,000
> ・土地の信託　　　4／1,000（3/1,000）
> 注：カッコ内の数値は、平成31年3月31日までの軽減措置による税率

　信託を開始する際の登録免許税は「相続」の際と同様、4／1,000と、他の登記の際より負担率が低く抑えられていることが分かります。
　また、受益者が死亡等により変更登記の必要が出た際の登録免許税は、不動産一つ（一筆）当たり、1,000円となっているなど、信託に関する登録免許税率は、低めに抑えられているようです。

西　田：光国さんの相談事は、家族信託を使えば解決できるということですね。

所　長：そうだね。
　　　　息子の綱吉（ツナキチ）さんが受託する意思があるかなど、詳しい話を聞いてみることで、概ね解決できそうだね。

祐　子：家族信託を使って、綱吉さんに所有権移転すれば、受託者として信託財産を管理処分していくことが可能になるんですね。

西　田：そうすれば、光国さんが諸国漫遊中であっても、受託者である綱吉さんが、工事の契約や変更契約もできるようになりますね。

所　長：もし、建設途中で、光国さんが認知症になってしまうと、追加工事や2期工事の契約ができずに、せっかくの貸家建築が中断や中止となってしまうかもしれないけれど、家族信託を

西　田：利用していれば、綱吉さんが受託者として、引き続き手続きや契約が行えることになるね。

西　田：貸家完成後の家賃の受領や入退去契約も受託者である綱吉さんができる。
　　　　受け取った家賃は、委託者＝受益者であるお父さんの光国さんの預金口座に振り込んであげれば…。

祐　子：光国さんは、旅先であってもキャッシュカードで旅行費用を自由に引き出すことができるようになりますね。

西　田：家族信託の手続きをしておけば、（委託者の）光国さんが認知症などになった場合でも、（受託者の）綱吉さんが財産を守ったり、管理したりできるのかぁ。

祐　子：家族信託を利用することで、光国さんは綱吉さんにすべてを託し、安心して悠々自適な諸国漫遊の旅が続けられるわけですね。

西　田：水戸黄門も家族信託を使っていたのかな？
　　　　あれ、江戸時代にキャッシュカードはなかったのに、どうやってお金を引き出していたんだろう？

解　説

　今回は、家族信託を使った相続対策の一例をご紹介しました。

　信託銀行などが行う営利目的の信託を「商事信託」、親族などの身の回りの人が行う営利目的ではない者が受託者となる信託を「民事信託」と区分けします。その中でも特に家族や親族などの個人が受託者となる「民事信託」が「家族信託」と呼ばれています。

　「家族信託」そのものは、非常に利用範囲が広く、また処々のケースでの注意点があり、「家族信託」を語るには1冊の書籍となるほどのボリュームがあります。

詳細は司法書士斎藤竜著「ゼロからはじめる『家族信託』活用術」(2018年1月刊行予定・税務研究会出版局発行)などを参考としてください。

　前述の事例において、家族信託は「相続に関連する対策方法の一部分」として非常に重要です。

　とは言っても、手続きの一場面では「登録免許税」などの費用負担が抑えられることはあっても、「相続税対策」などの税金対策として、直接的に節税効果があるものではありません。

　しかし、我々会計事務所に持ち込まれる相談事は、非常に多岐にわたり、必ずしも税務に関連することではなく、場合によっては夫婦喧嘩の仲裁的な相談であったり、相談者は、税務に関連すると思っていても、実際は税務とは関連しない場面も少なくありません。

　隣接士業の職域になる場面においては、各士業に頼ることとなるのはもちろんですが、少なくとも相談者の相談内容を正しく理解していないと、問題の解決の糸口を見つけることができません。

　「家族信託」は、税務には直接的には関連しないものの、相続発生時の相続税がどうなるのか、「家族信託」利用により解決できたかもしれない問題に関連する「税効果」の機会損失がないのかなど、会計事務所・税理士という職域においても知っておかなければならない分野になってきたものと思われます。

※「家族信託」は一般社団法人家族信託普及協会の登録商標です。

【登記事項証明書への記載例】

権利部（甲区）（所有権に関する事項）			
順位番号	登記の目的	受付年月日・受付番号	権利者その他の事項
1	所有権移転	平成○年○月○日 第●●●号	原因　平成○年○月○日売買 所有者　神奈川県××××× （父）　徳川 光国
2	所有権移転	平成○年○月○日 第●●●号	原因　平成○年○月○日売買 所有者　神奈川県××××× （子）　徳川 綱吉
	信託		信託目録第△△号

信託目録			調整	
番号	受付年月日・受付番号	予備		
第△△号	平成○年○月○日 第○○○号			
1. 委託者に関する事項	神奈川県××××× （父）	→名義を託した人（委託者 徳川 光国）		
2. 受託者に関する事項	神奈川県××××× （子）	→名義を託された人（受託者 徳川 綱吉）		
3. 受益者に関する事項	神奈川県××××× （父）	→権利を得る人（受益者 徳川 光国）		
4. 信託条項	信託の目的 受益者の資産の適正な管理及び有効活用を目的とする。 信託財産の管理方法 １．受託者は、信託不動産について、信託による所有権移転または所有権保存の登記及び信託の登記手続きを行うこととする。 ２．受託者は、信託不動産を第三者に賃貸することができる。 ３．受託者は、裁量により信託不動産を換価処分することができる。 ４．受託者は、信託の目的に照らして相当と認めるときは、信託不動産となる建物を建設することができる。 ５．信託不動産の維持・保全・修繕又は改良は、受託者が適当と認める方法、時期及び範囲において行う。また、受託者は必要に応じ、新たな建物の建設、解体、信託財産の売却、購入、信託目的を達成するため、受託者が必要と認める資金の借入及び信託財産に対する担保設定を行うことができる。 信託の終了事由 本件信託は、委託者兼受益者（父：光国）が死亡したときに終了する。 その他の信託条項 １．本件信託の受益権は、受益者及び受託者の合意がない限り、譲渡、質入れその他担保設定等すること及び分割することはできないものとする。 ２．受益者は、受託者との合意により、本件信託の内容を変更することができる。 ３．本件信託が終了した場合、残余の信託財産については、（子：綱吉）に帰属するものとする。			

7 家族信託（その2）受益者連続型
～孫の代までの遺言書を書きたい？～

祐　子：西田さん、来客だったようですね。

西　田：そろそろ遺言書を書いておきたいという相談だったよ。

祐　子：ご主人の財産を奥さんやお子さんに「相続させる」って内容ですか？

西　田：それがさぁ、ちょっと違うんだよね。
　　　　ご主人が亡くなった場合は奥さんに相続させて、その後、奥さんが亡くなった後は息子に相続させて、その後、息子が亡くなった場合は孫に相続させたいらしい。

祐　子：では、ご主人は「すべてを妻に相続させる」という遺言書を作って、奥様は「すべてを息子に相続させる」という遺言を、息子さんは「すべての財産を子に相続させる」という遺言を同時に作るんですね。

西　田：一般的にはそうなるよね。
　　　　ところが相談に来られたご主人の話はちょっと違うんだ。

祐　子：どう違うんですか？

西　田：自分の財産の行き先は、先々まで自分で決めておきたいらしいんだ。

祐　子：先々まで…ですか？

西　田：そうなんだよ。
　　　　それをご主人なりに、遺言書の原案を書いてきたみたいで、これを渡されたんだ。

> 遺言書（案）
> 　私が死亡した場合は、すべての財産を妻Aに相続させる。
> 　その後、妻Aが死亡した場合は、私が妻Aに相続させた財産を長男Bに相続させる。
> 　その後、長男Bが死亡した場合は、私が長男Bに相続させた財産を孫Cに相続させる。

祐　子：この遺言書の案って、何か問題ないんですか？

所　長：どうしたんだい？　何か問題でも起きたのかい？

西　田：相談に来た方に、こんな内容で遺言を書きたいと言われたんですよ。

所　長：どれどれ。
　　　　自分の相続のときのことを書くのが遺言書だからね。
　　　　奥さんの相続のときどころかご長男が亡くなるときのことまで、ご主人が遺言書で決めておくのは、無理だね。

西　田：遺言書では無理でも、何か他の方法はないのですか？

所　長：そうだね。
　　　　家族信託を使えば、同じような効果が期待できるんじゃないかな。

解説

　本文中にあるように、遺言書とは、遺言者自身に相続が起きた場合に、遺言者の財産を誰に相続させる（又は遺贈する）のかを、生前に書いておく書類です。

　このため、この事例の相談者のように、二次相続や三次相続のことを遺言書に記載したとしても無効となり、ご本人の遺志を達成することはできません。

それでは、二次相続以降のことを決めておく方法はないのでしょうか？

家族信託を使うことにより、生前に信託契約を作成しておくことで二次、三次相続までの遺言を書くことと、同じような効果を期待することができます。

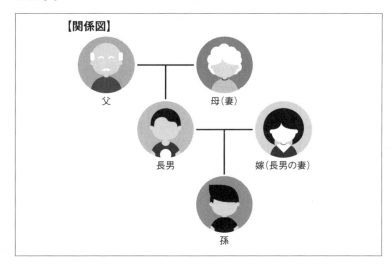

【関係図】

6 家族信託（その1）に「委託者・受益者を父」、「受託者を長男」とする家族信託の基本事例を紹介しています。

この基本事例を応用し、「委託者・受益者を父」、「受託者を嫁（長男の妻）」とした家族信託を組成したとします。【図1】参照

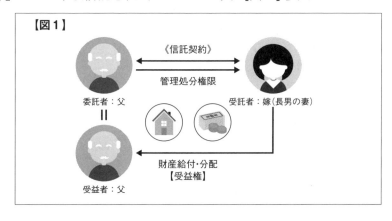

まずは、信託の基本形により、父が生存中の財産管理などを長男の妻に託すこととします。

父が認知症などになった場合は、所有者の判断能力が欠如することに起因し、事実上の財産凍結となってしまいます。

信頼のおける長男の妻に財産管理を任せることで、父は、認知症となった際などの財産の凍結のリスクを回避できます。

また、信託財産からの収益など（受益権）は、自分の生活費として確保することができ、安心して生活を送ることができます。

その後、父が亡くなった場合、信託契約において、特に定めのない場合は、この受益者が受け取るべき受益権は相続財産となり、相続人である、妻と長男とで遺産分割により誰が受益権を引き継ぐ（相続）かを決めることになり、父の孫子の代までの財産の行き先を決めておきたいという思いが達成されません。

そこで、信託契約を行う際に、委託者：父を一次受益者とし、父が死亡した場合の二次受益者を妻、妻が死亡した場合の三次受益者を長男、長男死亡の場合の四次受益者を孫と設定しておきます。【図2参照】

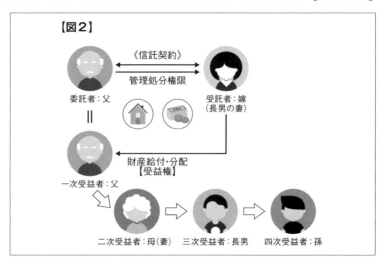

これにより、受益者が妻から子へ、子から孫へと承継されていくことで、父の財産に関する収益(受益権)が承継されていきます。
　このような信託を「受益者連続型信託」や「跡継ぎ遺贈型受益者連続信託」などと呼びます。
　民法では「遺言書による二次相続以降の財産承継者の指定は無効」とされていることから、二次相続以降へ承継を実質的に実行する手段は、この跡継ぎ遺贈型受益者連続信託以外には同様の効果をもたらす方法がないのが実情です。
　受益権の承継に関する回数制限はありませんが、信託期間には「信託がされてから30年」(信託法第91条)との期間の定めがあります。
　この期間の定めにより、子の代あたりで信託が終了してしまう場合が出てくるケースがあるかもしれません。
　また、信託契約は、「契約行為」であることから、契約の変更や解除をすることもできます。
　父の死後に受益権の承継者や受託者などの間で契約の変更や解除が行われた場合は、父の遺志を継続することができなくなる場合があります。

【信託法】
第91条(受益者の死亡により他の者が新たに受益権を取得する旨の定めのある信託の特例)
　受益者の死亡により、当該受益者の有する受益権が消滅し、他の者が新たな受益権を取得する旨の定め(受益者の死亡により順次他の者が受益権を取得する旨の定めを含む。)のある信託は、当該信託がされたときから30年を経過したとき以後に現に存する受益者が当該定めにより受益権を取得した場合であって当該受益者が死亡するまで又は当該受益権が消滅するまでの間、その効力を有する。

8 家族信託(その3) 応用例
～夫の実家から引き継いだ財産の行方は？～

西　田：所長、今日来られた方からの相談内容でお聞きしたいのですが…。

祐　子：お子さんがいないご夫婦で、数年前にご主人が亡くなったそうなんです。
そのご主人は「すべての財産は、妻に相続させる」という内容の遺言書を遺されていたそうです。

所　長：ご主人の相続の際は、奥さんとご主人のご兄弟が相続人であったということかな？

祐　子：そうなんです。
ご主人(長兄)のご兄弟は、兄嫁(妻)が生活に困らないようにするために、兄の相続の際、相続財産を兄嫁が引き継ぐことに誰も異存はなかったそうです。
このため、たとえ遺言書がなくても、兄嫁(妻)が全部相続することになったはずだそうです。

西　田：特に今回は遺言書があったので、法律上ご兄弟には遺留分の減殺請求権がないことから遺言書に従い、奥様がすべての財産を相続されたそうです。

祐　子：ところが、つい先日、その奥様が亡くなられて相続が発生したようです。

所　長：今回の相談者は、奥さんの相続人からの相談なのかい？

祐　子：いえ。ご主人のご兄弟からの相談です。

西　田：ご主人が亡くなった際の相続財産は、ご主人の蓄えによる預

祐　子	：貯金などがあったのは間違いないそうなのですが…。
	不動産の大部分、具体的には亡くなったご夫婦が住んでいた自宅以外の不動産はご主人の先代や先々代などから代々引き継がれた土地だそうです。
西　田	：ご主人の兄弟は、奥様（妻）の死亡により、ご主人側の先祖から代々引き継がれてきた土地は、当然ご主人側の誰かに戻ってくるものだと思っていたそうです。
祐　子	：奥様（妻）側の相続人たちに、法事の際にその話をしたところ、「法律通り、奥様（妻）側の法定相続人の間で分割する」と言われ、初めて事の重大さに気づいて相談に来られたようです。
西　田	：所長、何か解決方法はありませんか？
所　長	：法律上は、奥さん（妻）側の相続人が言っていることは間違っていないね。
	相談者であるご主人（夫）側の親族の想いを実現するには、奥さん（妻）が亡くなってしまった状況では、奥さん（妻）側の相続人が一旦相続手続きをした後に、ご主人側の誰かが「贈与」を受けるか、「売買」で買い取る（戻す）しか方法がないな。
祐　子	：そうですか…。
	亡くなった奥様（妻）が生前に遺言書を書いておけばよかったのでしょうか。

解説

　最近、相談の多い事例として今回のケースのように、ご夫婦にお子さんがいない場合に「妻側の親族に財産が移転してしまった」、「夫の実家から引き継いだ財産を最終的に夫の実家の親族の誰かに戻したい」などの相談が増えています。

　解決策としては、妻が生前に、「私が亡くなった際、財産のすべては、夫の弟○○に相続させる」などの遺言書を残しておくことが必要となり

ますが、実務では遺言書のみでは解決できない事例が出てきてしまいます。

例えば、死亡した妻の遺産には、夫からの相続で取得した財産以外に、妻の実家から引き継いだ財産が混在している場合などです。

遺言書で、「夫側の誰かにすべての財産を…」と書いてしまうと、妻側の実家から引き継いだ財産まで夫の親族に引き継がれてしまうことになります。

「夫側の先代から引き継いだ下記の財産は、夫の弟に遺贈し、その他の財産は、私の妹にすべて相続させる」と書くことで一歩前進しますが、「不動産以外の財産の中には、夫側の相続で取得した土地を売った際の預貯金が含まれている」というようなケースには対応しきれません。

また、妻の死より先に、夫の弟が亡くなってしまっていた場合、妻の相続開始時においては、受遺者不存在となり、結局妻の親族が相続することとなってしまいます。

遺言書の作成は、相続後の財産の行方を決めておく場面で、有効な手段ではあります。

私の事務所(行政書士法人)では、毎年、多くの遺言書作成のお手伝いをしますが、前述の例のように、「特別な事情」、「特別の想い」、「それぞれのご家庭でのそれぞれの歴史」がある場合などにおいて、遺言書は「必ずしも万能」というわけにはいきません。

今回のケースの解決方法として家族信託を使う場合は、「**7** 家族信託(その2)(～孫の代まで…)」の応用編として次の図のような組成がベターであると考えます。

当初の受益者を夫本人、二次受益者を妻とすることで、夫婦が生存中

は、事実上現状と変わらず安心して生活を送ることができます。

その後、夫婦ともに死去した後には、夫側の親族に受益権を渡す(戻す)ことができます。

将来的には、信託契約を解除し、信託財産を通常の財産に戻し、夫側の親族で代々引き継いでいくことも選択できます。

夫や妻が生存中に遺言書や家族信託の手続きをしておくことで、今回の相談事例は解決できていたのかもしれません。

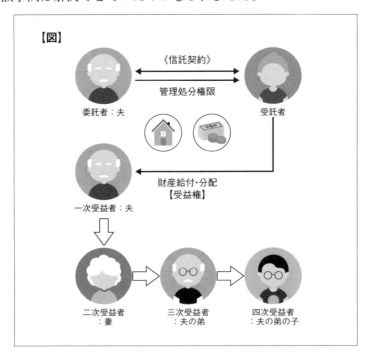

9 生前贈与と養子縁組の順番？

～贈与と養子縁組、どっちが先？～

祐　子 ：来客があったようですけど、もうお帰りになったんですか？

西　田 ：うん。長男のお嫁さんと養子縁組をしたいって相談だったんだ。

祐　子 ：その方って、先日、「お子さんやその配偶者の方々に生前贈与をしたい」って相談に来られた方ですか？

西　田 ：その通り！　よく分かったね。

祐　子 ：何となく聞こえてきた声が、先日の相談者と似ていたので。

西　田 ：ご本人も高齢になってきたことで、色々悩んでいるようだね。先日は長男とそのお嫁さん、二男とそのお嫁さんの４名に生前贈与をしたいって相談だったけど、今日は、同居している長男のお嫁さんと養子縁組したいって相談だったよ。

祐　子 ：で、どっちの手続きをするんですか？

西　田 ：どっちもだよ。
生前贈与も養子縁組も両方ともやるってさ。
年明けの贈与税の申告を頼まれちゃった。

祐　子 ：頼まれたのはよかったけど…。
生前贈与と養子縁組は、それぞれ、いつ手続きをするんですか？

西　田 ：そんなの知らないよ！
生前贈与が終わったら連絡くれるって言っていたし…。
養子縁組も後で戸籍を見せてくれるって言っていたから…。
そのときになればどっちが先か分かるんじゃないかなぁ。

祐　子：それぞれの順番が違うと、何か問題が起きませんか？

西　田：順番？　何か関係するんだっけ？

祐　子：たしか、平成27年分の贈与から、いままでの「一般税率」とは別に「特例税率」ができましたよね。
例えば、ご長男のお嫁さんへの生前贈与が、養子縁組の前と後では、扱いが変わりませんか？

西　田：なるほどぉ～。
いくら贈与をするのか、今日の段階では正確な金額は聞かなかったけど、話の中で「500万円ずつ贈与するかなぁ～」って言っていた気がするなぁ～。
「特例税率」が絡むんじゃ税額に影響が出てしまうかもしれないなぁ…。
それは困ったぞ。

解説

平成27年分の贈与から、従来の贈与税率（一般税率）とは別に特例税率が新設されました。

詳細は別添の『贈与税額　早見表』の通りですが、年間410万円を超える贈与を受けた場合は、特例税率の適用の場合のほうが負担する贈与税額が少なくなりました。

今回の事例においては、長男の配偶者（いわゆるお嫁さん）への贈与を予定しているということでした。

養子縁組前に行った贈与は「長男の嫁＝推定相続人以外」への贈与であり、一般税率の適用となりますが、養子縁組後に行った贈与は「養子＝推定相続人」への贈与となります。

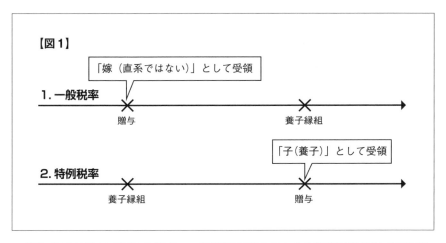

　仮に500万円の贈与の場合、一般税率適用であれば贈与税額は53万円、特例税率適用であれば48万5千円となり、税額で4万5千円の差が生じます。

　また1,000万円の贈与であれば、一般税率の適用税額が231万円で、特例税率適用であれば贈与税額が177万円となり、54万円もの差が生じてしまいます。

　生前贈与と養子縁組の両方を検討する場合には、その順番にも注意が必要です。

　その他、相続税や贈与税に関するメリットや注意点は別記を参照してください。

　養子縁組に関して、民法における法定相続人の人数と、相続税法上の法定相続人の人数の違いがあります(別記、相続税法第15条第2項参照)。

≪相続税における養子縁組のメリット(一例)≫
①法定相続人が増えるため、600万円の基礎控除額が増加
②生命保険金の非課税枠が500万円増加
③退職金の非課税枠が500万円増加
④相続税額の計算の際、法定相続分に応じた額の税率を適用するため、適用税率が下がる可能性がある。
⑤孫を養子とする場合は、相続税の課税を1回(1世代)飛ばすことができる。

≪贈与税における養子縁組のメリット(一例)≫
①住宅取得等資金の特例
②贈与税の特例税率の適用
③相続時精算課税の適用

≪養子縁組における税法上の注意点(一例)≫
①孫を養子にしていた場合、孫の相続税は通常の税額に2割加算されます。
　ただし、先に子が亡くなっている場合など、孫が代襲相続人となった場合は2割加算の適用はありません。
②明らかな節税を目的として養子縁組を行った場合、税務署から租税回避行為とみなされる可能性があります。
③養子の基礎控除に係る法定相続人としての人数の計算は、実子の有無により異なります。養子にした人数すべてが法定相続人として加算されるわけではありません。

相続税法
第15条(遺産に係る基礎控除)

　相続税の総額を計算する場合においては、同一の被相続人から相続又は遺贈により財産を取得したすべての者に係る相続税の課税価格(第19条の規定の適用がある場合には、同条の規定により相続税の課税価格とみなされた金額。次条から第18条まで及び第19条の2において同じ。)の合計額から、3,000万円と600万円に当該被相続人の相続人の数を乗じて算出した金額との合計額(以下「遺産に係る基礎控除額」という。)を控除する。

2　前項の相続人の数は、同項に規定する被相続人の民法第5編第2章(相続)の規定による相続人の数(当該被相続人に養子がある場合の当該相続人の数に算入する当該被相続人の養子の数は、次の各号に掲げる場合の区分に応じ当該各号に定める養子の数に限るものとし、相続の放棄があつた場合には、その放棄がなかつたものとした場合における相続人の数とする。)とする。

　一　当該被相続人に実子がある場合又は当該被相続人に実子がなく、養子の数が1人である場合　1人

　二　当該被相続人に実子がなく、養子の数が2人以上である場合　2人

3　前項の規定の適用については、次に掲げる者は実子とみなす。

　一　民法第817条の2第1項(特別養子縁組の成立)に規定する特別養子縁組による養子となつた者、当該被相続人の配偶者の実子で当該被相続人の養子となつた者その他これらに準ずる者として政令で定める者

　二　実子若しくは養子又はその直系卑属が相続開始以前に死亡し、又は相続権を失つたため民法第5編第2章の規定による相続人(相続の放棄があつた場合には、その放棄がなかつたものとした場合における相続人)となつたその者の直系卑属

【贈与税額　早見表(一例)】

贈与額(A)	課税額 【A－110万】	贈与税額			
		一般税率(C)	(実行税率) 【C／A】	特例税率(D)	(実行税率) 【D／A】
110万円	万円	万円	0%	万円	0%
150万円	40万円	4万円	2.67%	4万円	2.67%
200万円	90万円	9万円	4.50%	9万円	4.50%
210万円	100万円	10万円	4.76%	10万円	4.76%
250万円	140万円	14万円	5.60%	14万円	5.60%
300万円	190万円	19万円	6.33%	19万円	6.33%
310万円	200万円	20万円	6.45%	20万円	6.45%
350万円	240万円	26万円	7.43%	26万円	7.43%
400万円	290万円	33.5万円	8.38%	33.5万円	8.38%
410万円	300万円	35万円	8.54%	35万円	8.54%
500万円	390万円	53万円	10.60%	48.5万円	9.70%
510万円	400万円	55万円	10.78%	50万円	9.80%
700万円	590万円	112万円	16.00%	88万円	12.57%
710万円	600万円	115万円	16.20%	90万円	12.68%
1,000万円	890万円	231万円	23.10%	177万円	17.70%
1,110万円	1,000万円	275万円	24.77%	210万円	18.92%
1,200万円	1,090万円	315.5万円	26.29%	246万円	20.50%
1,500万円	1,390万円	450.5万円	30.03%	366万円	24.40%
2,000万円	1,890万円	695万円	34.75%	585.5万円	29.28%
3,000万円	2,890万円	1,195万円	39.83%	1,035.5万円	34.52%
5,000万円	4,890万円	2,289.5万円	45.79%	2,049.5万円	40.99%

平成27年以降の贈与税の速算表
【一般贈与財産用】（一般税率）

　この速算表は、「特例贈与・財産用」に該当しない場合の贈与税の計算に使用します。例えば、夫婦間の贈与、親から子への贈与で子が未成年者、兄弟間の贈与の場合などに使用します。

区分	200万円以下	300万円以下	400万円以下	600万円以下	1,000万円以下	1,500万円以下	3,000万円以下	3,000万円超
税率	10%	15%	20%	30%	40%	45%	50%	55%
控除額	−	10万円	25万円	65万円	125万円	175万円	250万円	400万円

【特例贈与財産用】（特例税率）

　この速算表は、直系尊属（祖父母や父母など）から、一定の年齢の者（子・孫など）※への贈与税の計算に使用します。

※「一定の年齢の者（子・孫など）」とは、贈与を受けた年の1月1日現在で20歳以上の直系卑属のことをいいます。例えば、祖父から孫への贈与、父から子への贈与などに使用します。（夫の父からの贈与等には使用できません）

区分	200万円以下	400万円以下	600万円以下	1,000万円以下	1,500万円以下	3,000万円以下	4,500万円以下	4,500万円超
税率	10%	15%	20%	30%	40%	45%	50%	55%
控除額	−	10万円	30万円	90万円	190万円	265万円	415万円	640万円

【「一般贈与財産用」と「特例贈与財産用」の両方の計算が必要な場合】

(例) 夫からの一般贈与財産が100万円、父からの特例贈与財産が400万円の場合の計算

　①合計価額500万円を基に次のように計算します。

　　（すべての贈与財産を「一般贈与財産」として税額計算）

　　　500万円−110万円＝390万円

390万円×20％－25万円＝53万円

(上記の税額のうち、一般贈与財産に対応する税額(一般税率)の計算)

53万円×100万円／(100万円＋400万円)＝10.6万円…①

②次に「特例贈与財産」の部分の税額計算を行います。

(すべての贈与財産を「特例贈与財産」として税額計算)

500万円－110万円＝390万円

390万円×15％－10万円＝48.5万円

(上記の税額のうち、特例贈与財産に対応する税額(特例税率)の計算)

48.5万円×400万円／(100万円＋400万円)＝38.8万円…②

③贈与税額の計算

贈与税額＝①一般贈与財産の税額＋②特例贈与財産の税額

①10.6万円＋②38.8万円＝49.4万円…贈与税額

10 生前贈与の規模
～安易な贈与では節税効果が薄いかも!?～

所　長：おっ、西田君、誰かと電話で話していたようだが…？

西　田：関与先から相続対策として、生前贈与をしたいとの相談があったので「贈与税の基礎控除額である110万円までなら贈与税がかからないですよ」って説明しておきました。

所　長：なるほど。もし相続が発生した場合の法定相続人、遺産の額と納税予定額はどのくらいなのかな？

西　田：毎年、アパート収入の確定申告を頼まれている関与先ですから、家族構成は知っていますよ。
推定の法定相続人は奥さんとお子さんが2名のはずです。
アパートと自宅の所有はあるはずですが、そのほかにはどのような財産がどれくらいあるのか額は聞いていません。

所　長：えっ？　家族構成以外の情報がないのに110万円の生前贈与を提案したのかい？

西　田：提案…というより、生前贈与をしたいと言われたので、110万円までなら贈与税がかからないと説明しただけなんですけど…。

所　長：ところで、誰に110万円ずつ贈与するのかね？

西　田：えっ？？
奥さんなんじゃないでしょうか？
相手が誰かは聞きませんでした。

所　長：一般的に生前贈与は、将来起きる相続の際の「相続税の節税対策」として行われることが多い。

> たしかに、贈与税だけに焦点を当てれば、贈与税が課税されない110万円以下の贈与が効果的に見えるが、将来負担する相続税の額と比較しないと相続税の節税効果を最大限に引き出すことはできないよ。

解説

　相続税には相続（又は遺贈）により財産を取得した者に対する「3年以内の贈与加算」があるのはご存知の通りです。

　仮に、法定相続人2名に対し贈与税のかからない110万円を3回（合計660万円）の贈与をしたところで相続が発生したとします。

　贈与税は0円で済み、相続開始時の保有財産を660万円減らせたように思いますが、「3年以内の贈与加算」により相続税の節税効果は事実上、なかったものと同じになってしまいます。

　相続がいつ発生するのか、「3年以内がどの期間を示す」のかは、「神のみぞ知る」ということになります。

　では、高齢となってしまった方の生前贈与は効果がないのでしょうか？

　相続税対策を考えるには、まず初めにその方が亡くなった場合の「相続税の試算」を行う必要があります。

　その上で対策方法や規模を決定していく必要があります。

≪相続税の試算、計算例≫

例）
遺産：3億1,000万円、債務等：1,000万円、相続人：子供2名の場合

1　相続税の試算をし、実効税率を予想する。

　　純資産額　　：3億1,000万円（遺産）－1,000万円（債務等）＝

　　　　　3億円…A
　　課税遺産総額：A－基礎控除4,200万円＝2億5,800万円
　　相続税の総額：6,920万円
　　予想実効税率：6,920万円÷A≒23.07％

2 【重要ポイント】相続開始までの年数を予想する。

　ここが一番難しいところです。

　なかなか答を出しづらいですが、相談者やそのご家族と話し合い相続開始までの年数を予測することが大切です。

　ご本人やご家族から「あと10年は難しいかもしれないけど、5年は大丈夫かな？」などと聞き出し、その年数を基準に相続対策の期間や規模を考えるようにします。

3　贈与税の試算

　510万円の生前贈与を相続人2名に5年間（合計5,100万円）の贈与をした場合

　　各年、各人の贈与税額：（510万円－110万円）×15％－10万円
　　　　　　　　　　　　＝50万円…B
　　贈与税の総額：B×2名×5年＝500万円
　　贈与税の実行税率：500万円÷5,100万円＝9.8％
　　注：Bの計算は贈与税の特例税率を適用

4　相続税の再試算（3の生前贈与を考慮）

　　純資産額：A－5,100万円＝2億4,900万円…C
　　3年以内の贈与加算額：510万円×2名×3年＝3,060万円…D
　　課税遺産総額：C＋D－基礎控除4,200万円＝2億3,760万円
　　相続税の総額：6,104万円…E
　　贈与税額控除：B×2名×3年＝300万円…F
　　納付相続税額：E－F＝5,804万円
　　予想実効税率：5,804万円÷3億円≒19.34％

5 負担した総税額の比較
①生前贈与をしなかった場合の税額：6,920万円
②上記の生前贈与をした場合の税額
　　贈与税500万円＋相続税5,804万円＝6,304万円
③差額：6,920万円－6,304万円＝616万円

　生前贈与による節税の効果額は、前提条件となる遺産額や相続人の数、相続開始までの予想残年数などが分かれば算定は可能です。

　では、上記の事例(現時点での財産額：3億1,000万円、債務等：1,000万円、相続人：子供2名、相続開始までの残年数：5年)の場合で、最も節税効果が高くなる贈与額はいくらになるのでしょうか？

　次頁の図は、の上記事例における、毎年の贈与の合計額を0円から2,400万円までに変動させた場合の相続税、贈与税の負担額の変動などをグラフ化したものです。

①の線は、贈与財産の額とその贈与税の負担額を現しています。
②の線は、贈与を行うことで相続時の財産が減少した場合の相続財産の額とその相続税の負担額を現しています。
③の線は、上記の場合の①贈与税の負担額と②相続税の負担額の合計額(そのご家庭での税負担の合計額)を現してます。
④の線は、③と表裏である、節税効果の額を現しています。

　しかし、生前贈与の合計額が1,100万円から1,400万円のあたりが節税効果のピークとなり、1,400万円あたりを超えると節税効果が薄れていきます。

　この事例においては、5年後に相続が開始するものと想定していることから、「3年以内の贈与加算」に該当しない、本年と翌年の2年間に、500～700万円程度の生前贈与を行うことが最も効果的であると思われます。

10 生前贈与の規模

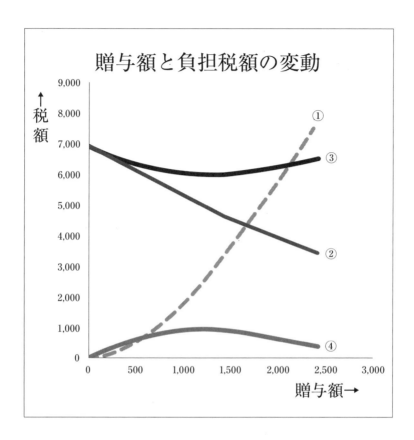

11 教育資金の贈与、結婚子育て資金の贈与
〜相続財産に加算される場合がある？〜

高齢の父を持つ伊東さん。相続対策に余念がありません。

伊　東：西田さん、新しい贈与の方法があるじゃない？
　　　　銀行で口座を作るやつ。
　　　　早速手続きしちゃったよ。
　　　　父を説得するのに苦労したけど、孫のためだって言ったらやっとオーケーしてくれたよ。

西　田：「教育資金の贈与」のことですか？

伊　東：そうそう、それそれ！　もう一つ、結婚？

西　田：「結婚・子育て資金の贈与」ですね。
　　　　お子さん、そんな年齢でしたっけ？

伊　東：息子は来年から大学生だし、娘は今年就職したから適齢期だな、あはは。

西　田：確かにちょうどいいタイミングですね。
　　　　ところで金額はどのくらいですか？

伊　東：そりゃ満額よ〜。
　　　　銀行の人に教えてもらった。
　　　　親父は金持ってても使わないからね。

西　田：教育資金は1,500万円、結婚子育ては1,000万円ですね。
　　　　ところで資金が余ったときのことはご存知ですか？

伊　東：余った？
　　　　使いきれなかったってこと？

　　　　　もう孫のものだし、何もないんじゃないの？
西　田：期限までに適正に使った分は非課税ですが、余った場合は税金かかりますよ。
伊　東：えっ？
西　田：さらに結婚子育て資金は、お父様のご相続のときに残っていると相続財産に組み入れて、相続税の計算をすることになります。
伊　東：上の子の1,000万円が？
　　　　つまり、親父が死ぬ前に娘が結婚したり子育てして使い切らないといけないと？
西　田：いけないわけではありませんが、残っている分には相続税がかかります。
伊　東：えらいこっちゃ！　西田さん、誰かいい人いないかい？
　　　　西田さん独身だよね？
　　　　うちの娘どう？
　　　　いい子だよ！
西　田：ははは。

解説

　平成25年4月に始まった教育資金の一括贈与と、平成27年4月に始まった結婚・子育て資金の一括贈与。

　相続税の申告の際、通帳を確認していると、この制度を利用している人が増えてきているなと感じます。

　ところで、この制度は適正に利用し残額がゼロになってしまえば「非課税」で問題ないのですが、残額があった場合などには課税となる可能性があることをご存じの方がどのくらいいるのでしょうか。

　2つの制度は似ているようで異なる部分があります。

大きな違いは、贈与者が亡くなったときの税務上の取扱いです。

「教育資金の贈与」は、贈与者が死亡した場合、その相続において課税関係は生じませんが、受贈者が30歳になった時点で使い切れなかった教育資金があった場合は贈与税がかかります。

一方、「結婚・子育て資金の贈与」は、贈与者が死亡した場合、その時点で残額がある場合には相続財産として相続税の対象になります。

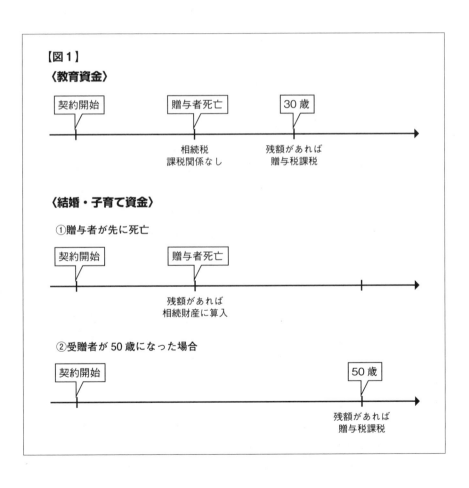

国税庁タックスアンサーNo.4510
直系尊属から教育資金の一括贈与を受けた場合の非課税(抜粋)

(1) 教育資金の一括贈与時の非課税

　平成25年4月1日から平成31年3月31日までの間に、個人(租税特別措置法第70条の2の2第2項第2号に規定する教育資金管理契約(以下「教育資金管理契約」といいます。)を締結する日において30歳未満の者に限ります。)が、教育資金に充てるため、①その直系尊属と信託会社との間の教育資金管理契約に基づき信託の受益権を取得した場合、②その直系尊属からの書面による贈与により取得した金銭を教育資金管理契約に基づき銀行等の営業所等において預金若しくは貯金として預入れをした場合又は③教育資金管理契約に基づきその直系尊属からの書面による贈与により取得した金銭等で証券会社の営業所等において有価証券を購入した場合には、その信託受益権、金銭又は金銭等の価額のうち1,500万円までの金額(既にこの「教育資金の非課税の特例」の適用を受けて贈与税の課税価格に算入しなかった金額がある場合には、その算入しなかった金額を控除した残額)に相当する部分の価額については、贈与税の課税価格に算入されません。

(2) 教育資金管理契約の終了時の課税

　次のイ又はロの事由に該当したことにより教育資金管理契約が終了した場合において、その教育資金管理契約に係る非課税拠出額から教育資金支出額(4の(2)の教育資金については500万円を限度とします。)を控除した残額があるときは、その残額については、イ又はロに該当する日の属する年の贈与税の課税価格に算入されます。

　　イ　受贈者が30歳に達したこと
　　ロ　教育資金管理契約に係る信託財産の価額が零となった場合、教育資金管理契約に係る預金若しくは貯金の額が零となった場合又は教育資金管理契約に基づき保管されている有価証券の価額が零となった場合において受贈者と取扱金融機関との間でこれらの教

育資金管理契約を終了させる合意があったことによりその教育資金管理契約が終了したこと

国税庁タックスアンサーNo.4511
直系尊属から結婚・子育て資金の一括贈与を受けた場合の非課税（抜粋）

1　制度の概要

（1）結婚・子育て資金の一括贈与時の非課税

　平成27年4月1日から平成31年3月31日までの間に、個人（租税特別措置法第70条の2の3第2項第2号に規定する結婚・子育て資金管理契約（以下「結婚・子育て資金管理契約」といいます。）を締結する日において20歳以上50歳未満の者に限ります。）が、結婚・子育て資金に充てるため、①その直系尊属と信託会社との間の結婚・子育て資金管理契約に基づき信託の受益権を取得した場合、②その直系尊属からの書面による贈与により取得した金銭を結婚・子育て資金管理契約に基づき銀行等の営業所等において預金若しくは貯金として預入をした場合又は③結婚・子育て資金管理契約に基づきその直系尊属からの書面による贈与により取得した金銭等で証券会社の営業所等において有価証券を購入した場合には、その信託受益権、金銭又は金銭等の価額のうち1,000万円までの金額（既にこの「結婚・子育て資金の非課税の特例」の適用を受けて贈与税の課税価格に算入しなかった金額がある場合には、その算入しなかった金額を控除した残額）に相当する部分の価額については、贈与税の課税価格に算入されません。

（2）結婚・子育て資金管理契約の終了時の課税

　次のイ又はロの事由に該当したことにより結婚・子育て資金管理契約が終了した場合において、その結婚・子育て資金管理契約に係

る非課税拠出額から結婚・子育て資金支出額（結婚に際して支出する費用については300万円を限度とし、租税特別措置法第70条の2の3第10項第2号の規定により相続等により取得したものとみなされる管理残額を含みます。）を控除した残額があるときは、その残額については、イ又はロに該当する日の属する年の贈与税の課税価格に算入されます。

　　イ　受贈者が50歳に達したこと
　　ロ　結婚・子育て資金管理契約に係る信託財産の価額が零となった場合、結婚・子育て資金管理契約に係る預金若しくは貯金の額が零となった場合又は結婚・子育て資金管理契約に基づき保管されている有価証券の価額が零となった場合において受贈者と取扱金融機関との間でこれらの結婚・子育て資金管理契約を終了させる合意があったことによりその結婚・子育て資金管理契約が終了したこと

※結婚・子育て資金管理契約期間中に贈与者が死亡した場合の取扱い
　結婚・子育て資金管理契約終了の日までの間に贈与者が死亡した場合には、その贈与者の死亡の日における非課税拠出額から結婚・子育て資金支出額を控除した残額については、受贈者が贈与者から相続又は遺贈により取得したものとみなして、その贈与者の死亡に係る相続税の課税価格に加算します。ただし、この場合において、その残額に対応する相続税額については相続税額の2割加算の対象とはしません。

12 住宅取得資金の贈与
〜しっかり手続き・申告しないと大損!?〜

今日は、相続税申告の依頼者のお宅に訪問します。
旦那様が亡くなられ、相続人は奥様と長男の２名。
不動産などの関係書類は先に頂いていたことから、今日は預金関係の確認をさせていただくことになっています。
依頼者のお宅において被相続人の預貯金通帳の内容を確認していた西田君が何かに気づきました。

西　田：拝見している通帳なんですが…。
　　　　5年ほど前に1,000万円の出金がありますが、何に使ったか分かりますか？

配偶者：5年前？　そんな大きなお金？　何に使ったのかしら？

長　男：5年前…？！
　　　　あーっ、ぼくが家を建てるときに親父から援助してもらったものだ。

配偶者：そういえば、あなたがお家を建てるときに、「住宅購入資金の一部を援助しようと思っているんだけど」って、お父さんから相談されたわね。
　　　　忘れてたわ。

長　男：そうそう。僕も忘れてました。
　　　　5,000万円で家を買ったのですが、頭金の500万円を僕の貯金から出して、銀行で3,500万円の住宅ローンを組みました。
　　　　足りない分の1,000万円を父に援助してもらったんです。

|　　　　　|でも、住宅資金を親から援助されても税金かからないんですよね。
たしか、銀行の人にそう聞きました。|
|西　田：|仰るとおりです。
住宅を購入する際の資金の贈与は、一定の条件を満たせば非課税になります。|
|祐　子：|お父様から住宅取得資金の援助を受けたときに贈与税の申告はされましたか？
申告書とともに、必要書類を添付して提出することも一定の条件の一つになります。|
|長　男：|どうだっけ？
覚えてないなぁ〜。|
|配偶者：|あなた、税務署行ったはずよ。
「仕事が忙しいのに、休みを取って税務署に行った」って、ブツブツ言ってたじゃない。|
|長　男：|あっ、そうだね。母さん、よく覚えてるね。
そうだ、そうだ。税務署に行きました。|
|配偶者：|「すぐ終わると思ったら、書類の一部を持って行くのを忘れて、午後からもう一度出直した…」って愚痴をこぼしていたから覚えているわよ。|
|西　田：|よかった。
それでは贈与税の申告は終わってるんですね。|
|長　男：|何の税金とか言われてもピンとこないけど…。
とにかく税務署の方に教わって、たくさん書類を書いたのを思い出しました。
1時間くらいで終わるかと思ったら、結局、丸一日潰しちゃったんだった。|
|祐　子：|そのときの申告書の控えはお持ちですか？|

長男：はい、持ってます。
　　　僕の家の書棚にしまってあります。
　　　だって、1日潰してイライラしてたんだけど、書類を出すときに税金の還付があるって言われて嬉しかったのを覚えているんですよ。
　　　だから、そのときの書類は記念に取っておこうと思って、大事にしてあります。

祐子：えっ！？　還付？　税金が戻ってきたのですか？
　　　それは、もしかして、所得税の住宅取得時のローンに関する還付の申告ではないですか？

長男：中身は分からないですが、とにかく後日税金が戻ってきたのは間違いないです。

西田：そうですか。
　　　では、贈与税の申告をしていない可能性がありますね。

長男：贈与税の申告をしていないと何か問題が起きるんですか？
　　　税金がかからないんだから申告する必要もないと思うけどなぁ。

祐子：住宅取得資金贈与の非課税制度は申告をすることが条件になっているんです。
　　　期限までに申告していなければ、普通の贈与税がかかってしまう可能性があります。

長男：ええ〜っ！！

西田：それ以前に…。
　　　その1,000万円のお金の移動が贈与ではないと言われる可能性があります。

長男：贈与ではないって…。
　　　資金援助だから贈与に決まってるじゃないですか？

祐子：税務署は、「資金が動いているのだから、息子に対する援助

ではあると思いますが、援助の方法が贈与ではなく、住宅取得の資金が不足していたから一時的に援助した、つまり、資金の贈与ではなく貸与」とみなす可能性があります。

配偶者：親が子に家を買う資金を援助しているのだから、「贈与」であっても「貸し借り」であっても結果的には同じことなのではないですか？

祐子：贈与であれば、親が無償で資金を提供することになります。このため、親の財産が減って、子の財産が増えることになります。

西田：貸し借りとなると、お金の動きは同じであっても、子は返済しなければならないという債務を負います。
親の側からみると、返してもらう権利、債権という財産が発生します。

祐子：貸し借りであると、資金は減っても債権が増えるので、親の財産は減らないことになります。

西田：その資金援助が、「贈与」であるか「貸付」であるかによって、相続税などへの影響は、真逆と言っていいほど違う結果となってしまいます。

長男：そうなんですか。
相続税対策にもなるし、税金は返ってくるし、得なことばかりだと思ってました。

西田：今回は、過去の資金移動が「贈与」であると証明する書類が残っていないようなので、ご長男に援助した1,000万円は、「貸付金」や「預け金」などの財産として、相続財産に加算することとなってしまうこともあります。

長男：相続財産に加算するのであれば、相続税の節税にはならなかったということですね。
ちなみに、この1,000万円の贈与が住宅取得資金贈与の特例とならず、普通の贈与となってしまうと、贈与税はいくら

くらいになるのですか？

祐　子：1,000万円の贈与ですと、基礎控除110万円を引いて…、数百万円かかると思います。
　　　　税率の計算は平成27年の改正以前のものが適用となり、さらに、今回の場合、無申告になりますので、無申告加算税と、実際に贈与を受けたのは4年前ですから、4年分の延滞税などもかかります。

長　男：どちらにしても、相続税か贈与税がかかってしまうということですね。

西　田：「所得税の還付の申告書」と同時に「贈与税の申告書」を出していれば一件落着なのですが…。

長　男：そうですね。
　　　　わけもわからず、書類を書いて出した記憶しかありませんが、贈与税の申告書も書いているかもしれません。

祐　子：ご自宅の書棚にしまってある申告書を確認してみてください。

長　男：近所なので、すぐに行ってきます！

解説

　節税目的であったり相続対策であったり、処々の目的や理由のために、暦年課税による贈与や相続時精算課税制度を利用した贈与などを検討される方は少なくありませんが、一般の方は、申告書の提出に代表される「手続き」などを省略してしまう傾向があります。

　今回の事例では、「住宅取得資金の非課税」はその年の特例要件を満たしていれば、大きな節税効果があるにもかかわらず、このように手続きを省略してしまったり、失念してしまった場合は、その特例を受けられないこととなり、非常に残念な結果となってしまいます。

また、一般の方の中には「贈与税の申告をしたのか分からない」場合だけではなく、「贈与税の申告はした（はずだ）が、申告書の控えなどの書類を紛失してしまった」と仰るケースがあります。
　残念ながら、「申告や手続きを行った（はず）」とは、「一般の方の思込み」である場合があります。
　相続税の申告に際しては、贈与税の申告の有無がその税額に大きな影響を及ぼすこととなります。
　保存されている書類や申告書などで、「実際はどうなのか」をしっかり確認する必要があります。
　また、非課税限度額は年によって変わりますので、注意が必要です。

【確認方法】
1　受贈者本人が保存している書類を探し確認する。
2　税務署で閲覧申請を行う。（原則：本人が申請）
　https://www.nta.go.jp/shiraberu/zeiho-kaishaku/jimu-unei/sonota/050301/pdf/01.pdf（申告書等閲覧サービスの実施について）
3　税務署に開示請求を行う（原則：本人が申請）
　http://www.nta.go.jp/sonota/sonota/kojinjoho/tetsuzuki/03.htm
　（個人情報（開示請求）の手続き等について）

【残念な事例紹介】
　私が税務署勤務時に経験した事例をいくつか紹介します。

1　父から「今は安値だが、いつか大きな値上がりが期待できるぞ。今のうちにお前にあげよう」と言われて、長男は、上場株式の証券（※1）を受け取った。

その後、父が死亡し、父の相続税申告に関する税務調査で、この上場株式について問題となったが、名義変更(株券の裏書)もなく、また、贈与契約書などの贈与の事実を証するものはなにもなかった。

2　二男が自宅を購入することになり、父から住宅取得資金の援助を受けた。
　以前、長女が住宅取得の際も父が資金援助し、長女は贈与税の申告を行い、結果、贈与税がかからなかった(※2)経験がある。
　二男は長女から「申告してもしなくても何も変わらなかったわよ」と聞かされていたこともあって、申告をしなかった。
　その後、父が死亡し、父の相続税申告に関する税務調査の際に、二男が前述の説明をし、贈与である旨の主張を行った。
　処々の経緯から、この資金移動は「贈与」によるものとの判断がされたが、二男の購入した住宅は、建物の床面積や築年数が当時の住宅取得資金等の贈与の要件を満たしておらず、贈与を受けた年の贈与税が算出されることとなり、贈与税の期限後申告をすることになった。

3　父が経営してきた会社を、長男が継いで代表者となることとなり、父は会社の株式(出資)を長男にすべて贈与し、主宰法人を長男に託した。
　近年の不況のあおりを受け、ここ数年は赤字傾向であったため、主宰法人の株価は算出されなかった。
　贈与税申告の必要がないことから、贈与契約書等の作成はしなかった。また、法人の関与税理士に、自社株を贈与したことを伝えていなかったことから、法人税申告書別表2の訂正も行われなかった。
　長男が代表となり、会社の業績が上がり、利益が出るようになった後に、父が死亡した。

父の相続税申告に関する税務調査の際に、会社の株は長男が社長就任時に０円で贈与を受けたものだとの主張があったが、その当時に贈与が行われたことを証するものはなかった。
　長男が社長に就任した後の経営成績を反映し、父の相続開始日における、自社株の評価は、相当な額となった。

※１　現在は株式の電子化が進んでいるが、当時は、上場株式であっても、株式証券の現物を保有することが珍しくなかった。売買や贈与があった場合は、信託銀行等の証券代行部などで名義変更の記載手続きを行っていた。
※２　当時は、現在の住宅取得資金等の非課税の制度ではなく、贈与資金を「５分５乗」して計算する制度であった。このため「結果、贈与税はかからなかった」という表現となっている。

<参考>
・住宅取得等資金の贈与　国税庁タックスアンサーNo.4508
１　制度のあらまし
　平成27年１月１日から平成33年12月31日までの間に、父母や祖父母など直系尊属からの贈与により、自己の居住の用に供する住宅用の家屋の新築、取得又は増改築等（以下「新築等」といいます）の対価に充てるための金銭（以下「住宅取得等資金」といいます）を取得した場合において、一定の要件を満たすときは、次の非課税限度額までの金額について、贈与税が非課税となります（以下、「非課税の特例」といいます）。

２　非課税限度額
　受贈者ごとの非課税限度額は、次のイ又はロの表のとおり、新築等をする住宅用の家屋の種類ごとに、受贈者が最初に非課税の特例の適用を

受けようとする住宅用の家屋の新築等に係る契約の締結日に応じた金額となります。

イ　下記ロ以外の場合

住宅用家屋の取得等に係る契約の締結日	省エネ等住宅	左記以外の住宅
～平成27年12月31日	1,500万円	1,000万円
平成28年1月1日～平成32年3月31日	1,200万円	700万円
平成32年4月1日～平成33年3月31日	1,000万円	500万円
平成33年4月1日～平成33年12月31日	800万円	300万円

ロ　住宅用の家屋の新築等に係る対価等の額に含まれる消費税等の税率が10%である場合

住宅用家屋の取得等に係る契約の締結日	省エネ等住宅	左記以外の住宅
平成31年4月1日～平成32年3月31日	3,000万円	2,500万円
平成32年4月1日～平成33年3月31日	1,500万円	1,000万円
平成33年4月1日～平成33年12月31日	1,200万円	700万円

（注1）　既に非課税の特例の適用を受けて贈与税が非課税となった金額がある場合には、その金額を控除した残額が非課税限度額となります（一定の場合を除きます）。ただし、上記ロの表における非課税限度額は、平成31年3月31日までに住宅用の家屋の新築等に係る契約を締結し、既に非課税の特例の適用を受けて贈与税が非課税となった金額がある場合でも、その金額を控除する必要はありません。

　　　また、平成31年4月1日以後に住宅用の家屋の新築等に係る契約を締結して非課税の特例の適用を受ける場合の受贈者ごとの非課税限度額は、上記イ及びロの表の金額のうちいずれか多い金額となります。

（注2）　「省エネ等住宅」とは、省エネ等基準（断熱等性能等級4若しくは一次エネルギー消費量等級4以上であること、耐震等級（構造躯体の倒壊等防止）2以上若しくは免震建築物であること又は高齢者等配慮対策等級（専用部分）3以上であること）に適合する住宅用の家屋であることにつき、一定の書類により証明されたものをいいます。

3 受贈者の要件
　次の要件のすべてを満たす受贈者が非課税の特例の対象となります。
(1) 贈与を受けた時に贈与者の直系卑属（贈与者は受贈者の直系尊属）であること。
　（注）　配偶者の父母（又は祖父母）は直系尊属には該当しませんが、養子縁組をしている場合は直系尊属に該当します。
(2) 贈与を受けた年の1月1日において、20歳以上であること。
(3) 贈与を受けた年の年分の所得税に係る合計所得金額が2,000万円以下であること。
(4) 平成21年分から平成26年分までの贈与税の申告で「住宅取得等資金の非課税」の適用を受けたことがないこと（一定の場合を除きます）。
(5) 自己の配偶者、親族などの一定の特別の関係がある人から住宅用の家屋の取得をしたものではないこと、又はこれらの方との請負契約等により新築若しくは増改築等をしたものではないこと。
(6) 贈与を受けた年の翌年3月15日までに住宅取得等資金の全額を充てて住宅用の家屋の新築等をすること。
　（注）　受贈者が「住宅用の家屋」を所有する（共有持分を有する場合も含まれます）ことにならない場合は、この特例の適用を受けることはできません。
(7) 贈与を受けたときに日本国内に住所を有していること（平成29年4月1日以後に住宅取得資金の贈与を受けた場合には、受贈者が一時居住者であり、かつ、贈与者が一時居住贈与者又は非居住贈与者である場合を除きます）。
　なお、贈与を受けた時に日本国内に住所を有しない人であっても、一定の場合には、この特例の適用を受けることができます。
　（注）　「一時居住者」、「一時居住贈与者」及び「非居住贈与者」については、受贈者が外国に居住しているときをご覧ください。
(8) 贈与を受けた年の翌年3月15日までにその家屋に居住すること

又は同日後遅滞なくその家屋に居住することが確実であると見込まれること。
　(注)　贈与を受けた年の翌年12月31日までにその家屋に居住していないときは、この特例の適用を受けることはできませんので、修正申告が必要となります。

4　居住用の家屋の新築、取得又は増改築等の要件
　「住宅用の家屋の新築」には、その新築とともにするその敷地の用に供される土地等又は住宅の新築に先行してするその敷地の用に供されることとなる土地等の取得を含み、「住宅用の家屋の取得又は増改築等」には、その住宅の取得又は増改築等とともにするその敷地の用に供される土地等の取得を含みます。
　また、対象となる住宅用の家屋は日本国内にあるものに限られます。
(1)　新築又は取得の場合の要件
　イ　新築又は取得した住宅用の家屋の登記簿上の床面積(マンションなどの区分所有建物の場合はその専有部分の床面積)が50㎡以上240㎡以下で、かつ、その家屋の床面積の2分の1以上に相当する部分が受贈者の居住の用に供されるものであること。
　ロ　取得した住宅が次のいずれかに該当すること。
　　建築後使用されたことのない住宅用の家屋
　　建築後使用されたことのある住宅用の家屋で、その取得の日以前20年以内(耐火建築物の場合は25年以内)に建築されたもの
　　(注)　耐火建築物とは、登記簿に記録された家屋の構造が鉄骨造、鉄筋コンクリート造又は鉄骨鉄筋コンクリート造などのものをいいます。
　　建築後使用されたことのある住宅用の家屋で、地震に対する安全性に係る基準に適合するものであることにつき、一定の書類により証明されたもの
　　上記及びのいずれにも該当しない建築後使用されたことのある住宅用の家屋で、その住宅用の家屋の取得の日までに同日以後その住宅用

の家屋の耐震改修を行うことにつき、一定の申請書等に基づいて都道府県知事などに申請をし、かつ、贈与を受けた翌年3月15日までにその耐震改修によりその住宅用の家屋が耐震基準に適合することとなったことにつき一定の証明書等により証明がされたもの

(2) 増改築等の場合の要件

イ　増改築等後の住宅用の家屋の登記簿上の床面積（マンションなどの区分所有建物の場合はその専有部分の床面積）が50以上240以下で、かつ、その家屋の床面積の2分の1以上に相当する部分が受贈者の居住の用に供されるものであること。

ロ　増改築等に係る工事が、自己が所有し、かつ居住している家屋に対して行われたもので、一定の工事に該当することについて、「確認済証の写し」、「検査済証の写し」又は「増改築等工事証明書」などの書類により証明されたものであること。

ハ　増改築等に係る工事に要した費用の額が100万円以上であること。

5　非課税の特例の適用を受けるための手続き

非課税の特例の適用を受けるためには、贈与を受けた年の翌年2月1日から3月15日までの間に、非課税の特例の適用を受ける旨を記載した贈与税の申告書に戸籍の謄本、登記事項証明書、新築や取得の契約書の写しなど一定の書類を添付して、納税地の所轄税務署に提出する必要があります。

（注）　社会保障・税番号制度（マイナンバー制度）が導入されたことに伴い、個人番号を記載した各種申告書、申請書、届出書等を提出する際には、個人番号カード等の一定の本人確認書類の提示又は写しの添付が必要になります。

13 相続対策で等価交換
～売却予定地は誰の名義？～

西　田：祐子ちゃん、「酒井さん」て、覚えている？

祐　子：先日、相続対策の相談に来られた方ですよね。

西　田：そうそう。
　　　　ご自分が亡くなったときの相続税の試算を頼まれていたんだ。

祐　子：試算書はできたんですか？

西　田：できたよ。酒井さんが亡くなると、相続税が概算で1億円になりそうなんだ。

祐　子：相続税の納税に充てられそうな資金はどれくらいあるんですか？

西　田：現状だと、預貯金や生命保険など、納税資金として使えそうな財産は4,000万円くらいになる見込みだよ。

祐　子：だとすると、納税資金が約6,000万円不足してしまうんですね。
　　　　相続が実際に起きた際の不足資金確保の目途は立っているんですか？

西　田：「不動産を売却するしかないかな？」って、言っていたよ。
　　　　酒井さんの所有の土地は、「酒井さんの居住用の自宅の敷地」と「酒井さんのお子さんの長男の居住用敷地」の2区画で、相続が発生しても売却するのは現実的ではないんだよね。

祐　子：相続税の申告・納税期限までに売却できないとしたら、結局、納税資金が準備できないですよね。

西　田：売却できそうな土地は別にあるんだけど、所有者は酒井さん本人ではなくてお子さんの長男なんだよね。

祐　子：えっ？　聞いただけだと、土地の所有関係や使用状況がよく分からないです。

西　田：簡単に図に書くと、このような状況なんだ。

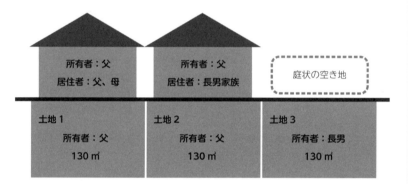

西　田：地続きの3区画が売りに出ていたのを、酒井さん本人が土地1と土地2の2区画を購入し、長男が土地3を購入したみたい。購入と同時に土地1に、酒井さんが自宅を建てて住み始めた。数年後に長男のために、土地2に酒井さんが家を建て、長男家族が引っ越してきたそうだ。

長男所有の土地3は、空き地のまま、庭のように使っているそうだよ。

祐　子：なるほどぉ。事情が分かりました。
地続きの土地を親子で買ったけれども、相続となった場合の資金確保のために売却できそうな土地は、長男が所有している「土地3」となるんですね。

西　田：そうなんだよね。
もし、酒井さん本人が亡くなったとしても「土地1」は奥さん（母）が居住することになるだろうしね。
となると、相続が起きたときには、長男が所有する土地3を

売却して、納税資金に充てることになるのかなぁ。
祐　子：ほかに、いい方法はないのかしら？？

解説

　不動産を譲渡した場合には、譲渡所得税がかかります。

　計算方式としては、他の所得とは分離して計算し、長期譲渡（所有期間5年以上）の場合には国税15％、地方税5％の税負担となります。

　相続した不動産などを、相続税の申告期限より3年以内に譲渡した場合には、相続税の取得費加算の特例（相税特別措置法第39条、下記タックスアンサー参照）があります。

　以前は、この3年以内の期間内に相続財産である不動産等を譲渡した場合、負担した相続税の大部分を譲渡所得から取得費として控除できたことから、譲渡所得税がかからないケースが多々ありました。

　しかし平成27年に改正があり、現在は、相続税の一部のみの控除（取得費加算）に改正されたことで、この期間中の譲渡であっても、譲渡所得税を納税するケースがほとんどとなってしまいました。

　今回の事例の場合は、相続税の納税資金のために売却を予定している不動産は相続人である長男の所有財産となります。

　相続財産ではないことから、この相税特別措置法第39条の取得費加算の適用対象ではありません。

　しかし、相続が起きた際に、この「取得費加算の特例」の適用ができるように準備をしておく方法はないのでしょうか？

　所得税法第58条に、いわゆる不動産の等価交換に関する譲渡所得の特例があります。

　不動産を交換した場合には、原則として譲渡所得税が課されることと

なりますが、この所得税法第58条の条件を満たす不動産の交換であれば、譲渡所得税が課されません。

　今回の事例に当てはめると、父が所有している土地2と長男が所有している土地3を等価交換し、登記名義を変更しておきます。

　これにより、将来の相続の際には、土地3は父が所有していることとなります。

　父の相続開始後に、父が所有していた土地3（＝相続財産）を譲渡することとなることから前述の「取得費加算」の対象となり、譲渡所得税の負担軽減につながります。

　ただし、交換登記の際の登記費用や不動産取得税などの費用負担が必要となることから、単純に負担額が少なくなるとは限りません。

　また、所得税法第58条には所有期間の定めや、取得後の用途などが定められていますので、それらの条件を満たす必要があることは言うまでもありませんが、今回の事例のように親子間で同等の価値の土地を所有しているようなケースにおいては有効な方策として検討の余地があります。

国税庁タックスアンサーNo.3267
相続財産を譲渡した場合の取得費の特例

1 相続税が取得費に加算される特例（相続財産を譲渡した場合の取得費の特例）

(1) 特例の概要

この特例は、相続により取得した土地、建物、株式などを、一定期間内に譲渡した場合に、相続税額のうち一定金額を譲渡資産の取得費に加算することができるというものです。

(注) この特例は譲渡所得のみに適用がある特例ですので、株式等の譲渡による事業所得及び雑所得については、適用できません。

(2) 特例を受けるための要件

イ 相続や遺贈により財産を取得した者であること。

ロ その財産を取得した人に相続税が課税されていること。

ハ その財産を、相続開始のあった日の翌日から相続税の申告期限の翌日以後3年を経過する日までに譲渡していること。

(3) 取得費に加算する相続税額

取得費に加算する相続税額は、相続又は遺贈の開始した日により、次のイ又はロの算式で計算した金額となります。ただし、その金額がこの特例を適用しないで計算した譲渡益（土地、建物、株式などを売った金額から取得費、譲渡費用を差し引いて計算します）の金額を超える場合は、その譲渡益相当額となります。

イ 平成27年1月1日以後の相続又は遺贈により取得した財産を譲渡した場合の算式は、次の通りとなります。なお、譲渡した財産ごとに計算します。

〈算式〉

$$\text{その者の相続税額} \times \dfrac{\text{その者の相続税の課税価格の計算の基礎とされた土地等の価格の合計額}}{\text{その者の相続税の課税価格} + \text{その者の債務控除額}} = \text{取得費に加算する相続税額}$$

ただし、既にこの特例を適用して取得費に加算された相続税額がある場合には、その金額を控除した額となります。

(注)
1 土地等とは、土地及び土地の上に存する権利をいいます。
2 土地等には、相続時精算課税の適用を受けて、相続財産に合算された贈与財産である土地等や、相続開始前3年以内に被相続人から贈与により取得した土地等が含まれ、相続開始時において棚卸資産又は準棚卸資産であった土地等や物納した土地等及び物納申請中の土地等は含まれません。

(ロ) 土地等以外の財産(建物や株式など)を譲渡した場合

建物や株式などを譲渡した人にかかった相続税額のうち、その譲渡した建物や株式などに対応する額。なお、譲渡した財産ごとに計算します。

〈算式〉

$$\text{その者の相続税額} \times \dfrac{\text{その者の相続税の課税価格の計算の基礎とされたその譲渡した建物や株式などの価格}}{\text{その者の相続税の課税価格} + \text{その者の債務控除額}} = \text{取得費に加算する相続税額}$$

2 この特例を受けるための手続き

この特例を受けるためには確定申告をすることが必要です。

確定申告書には、①相続税の申告書の写し（第1表、第11表、第11の2表、第14表、第15表）、②相続財産の取得費に加算される相続税の計算明細書、③譲渡所得の内訳書（確定申告書付表兼計算明細書【土地・建物用】）や株式等に係る譲渡所得等の金額の計算明細書などの添付が必要です。

②の計算明細書を利用すると、取得費に加算される相続税額を計算することができます。

所得税
第58条（固定資産の交換の場合の譲渡所得の特例）
　居住者が、各年において、1年以上有していた固定資産で次の各号に掲げるものをそれぞれ他の者が1年以上有していた固定資産で当該各号に掲げるもの（交換のために取得したと認められるものを除く）と交換し、その交換により取得した当該各号に掲げる資産（以下この条において「取得資産」という）をその交換により譲渡した当該各号に掲げる資産（以下この条において「譲渡資産」という）の譲渡の直前の用途と同一の用途に供した場合には、第33条（譲渡所得）の規定の適用については、当該譲渡資産（取得資産とともに金銭その他の資産を取得した場合には、当該金銭の額及び金銭以外の資産の価額に相当する部分を除く）の譲渡がなかったものとみなす。

　一　土地（建物又は構築物の所有を目的とする地上権及び賃借権並びに農地法（昭和27年法律第229号）第2条第1項（定義）に規定する農地の上に存する耕作に関する権利を含む）
　二　建物（これに附属する設備及び構築物を含む）
　三　機械及び装置
　四　船舶
　五　鉱業権（租鉱権及び採石権その他土石を採掘し又は採取する権利を含む。）

2　前項の規定は、同項の交換の時における取得資産の価額と譲渡資産の価額との差額がこれらの価額のうちいずれか多い価額の100分の20に相当する金額を超える場合には、適用しない。

3　第1項の規定は、確定申告書に同項の規定の適用を受ける旨、取得資産及び譲渡資産の価額その他財務省令で定める事項の記載がある場合に限り、適用する。

4　税務署長は、確定申告書の提出がなかった場合又は前項の記載がない確定申告書の提出があった場合においても、その提出がなかったこと又はその記載がなかったことについてやむを得ない事情があると認めるときは、第1項の規定を適用することができる。

5　第1項の規定の適用を受けた居住者が取得資産について行うべき第49条第1項(減価償却資産の償却費の計算及びその償却の方法)に規定する償却費の計算及びその者が取得資産を譲渡した場合における譲渡所得の金額の計算に関し必要な事項は、政令で定める。

14 自社株式と貸付債権
～自社への貸付金で相続税が増額⁉～

先日、西田君は相続税申告書の作成依頼を受けました。
亡くなったご主人は、事業（法人）を行っていた方でした。
このため、法人の株価の計算が必要となることから、過去3年分の書類の提示を相続人である配偶者に依頼しました。
先ほど、「今日、事務所に書類を持参します」との電話がありました。

西　田：お願いしていた書類をご持参いただけたそうですね。
　　　　ご足労おかけしました。

配偶者：こちら方面にほかの用事もあったので、ついでに寄らせていただきました。
　　　　必要な書類はこちらでよろしいですか？

西　田：直前3年分の法人税の申告書と決算書が揃っていますね。
　　　　株式の半分はご主人がお持ちのようですね。

配偶者：はい、以前は主人がすべてを持っていたのですが、会社の顧問税理士さんに相談して少しずつ息子に贈与したようです。

西　田：株の贈与は最近のことですか？

配偶者：その税理士さんも、主人と同時期に亡くなってしまったので、私も詳しいことは分からないのです。

祐　子：ご主人が所有する株式も相続財産になることはご存知ですか？

配偶者：そうみたいですね。価値があるとは思えないけど…。
　　　　主人から聞いていたので覚悟しています。

会社の株式は、どのくらいの金額になりそうですか？

西　田：決算書を拝見する限り、株式自体は大きな評価額にならないと思いますよ。

配偶者：それならよかったです。
　　　　主人がいなくなっては、会社も今まで通りに経営できるとは限りません。
　　　　その上、会社の株式が財産になって税金がかかると言われても困ってしまいます。

祐　子：ん！？
　　　　西田さん、ここ見て下さい。役員借入金が5,000万円もありますよ！

西　田：ほんとだ！

配偶者：そういえば20年くらい前でしょうか。主人が会社に入れたものです。
　　　　資金繰りが苦しくて、だいぶ個人の蓄えを取り崩しました。

西　田：会社側では借入金ですが、ご主人個人からすると貸付金です。
　　　　つまり、ご主人は貸付金という財産を持っていることになり、課税の対象になります。

配偶者：えっ！？　税金がかかるんですか？

祐　子：そういうことになってしまいます。
　　　　会社に請求し、返済してもらう権利がありますので…。

解説

　中小零細企業の多くは、家族経営の同族会社だと思われます。
　そして、中小零細企業のほとんどが、代表者又はその親族などで株式の大半を保有しているのが一般的です。
　被相続人が自社の株式(取引相場のない株式)を持っている場合は、上

場株式などと同じように相続財産となり、相続税課税の対象となります。

取引相場のない株式の評価方法については、多くの専門書がありますので、そちらにお任せするとして、本ケースのように会社に対して貸している貸付債権があるケースについて、ご説明します。

1 自社への投入資金が相続財産に

家族経営の会社では、ご家族の意識に「個人」と「会社」の区別があまりついていないケースがほとんどですが、法的には全く別の存在となります。

家族が経営しているのではなく、赤の他人が経営する会社を想像してみて下さい。

その赤の他人の会社に貸付債権があったらどうしますか？

返してもらうように働きかけますよね？

会社に資金があり、返済してもらうことができれば貸付債権が現金に変わりますので、相続財産となることに違和感を感じないと思いますが、今回の相続人のように返してもらえる見込みのない貸付債権に対してまで相続税がかかるなんて納得できない！という心情はもっとものように思われます。

しかし、残念ながら西田君や祐子ちゃんが言うように、この貸付債権については相続税の課税対象となってしまいます。

また、役員報酬の未払いや役員が持っている不動産を会社に貸している場合などの地代や家賃の未払いなどがあった場合も、同様に被相続人の財産となり課税の対象となります。

国税不服審判所における別記の裁決事例があります。

その同族会社は相続開始日において実質的に破綻していることから、貸付金は回収不能であり、財産価値がないと納税者側が主張した事例で

す。

　裁決事例ですから、処々、個々の事情があり一概に、この裁決がすべての事例に当てはまるわけではありませんが、相当の事情がない限り「回収不能により貸付金は価値なし」…とはならないようです。

2 「債権放棄」とそのタイミング

　このように会社に対して貸付債権がある方は、生前に手を打つべきでした。

　会社に対して「債権放棄」の通知をするなどの手続きを行って、法的に債権を消滅させるのです。

　その際に気をつけなければならないことがあります。

　会社からすれば返すはずの債務を免除してもらったことで「債務免除益」という利益が発生します。

　この会社側の利益に対して原則として法人税がかかってしまうことから、会社が赤字のときに赤字と利益(債務免除益)を相殺して利益が生じないようにするなど、タイミングを見計らう必要があります。

　赤字のタイミングで「債権放棄」を行い、「債務免除益」に対する法人税の負担を最小限に抑えられたとしても、借入債務が減少することから、会社の純資産価額が増えることにも注意が必要です。

　これにより、会社の株価(自社株の評価額)は上がり、結果的に相続財産が増えることになってしまいます。

　主宰法人(自社)への貸付債権の放棄、自社株の評価と後継者などへの株式異動などを行う場合は、少なくとも3〜5年の期間をかけて、タイミングを見計らい、適切な時期に行うことが重要となります。

財産評価基本通達
204 (貸付金債権の評価)

　貸付金、売掛金、未収入金、預貯金以外の預け金、仮払金、その他これらに類するもの(以下「貸付金債権等」という。)の価額は、次に掲げる元本の価額と利息の価額との合計額によって評価する。
　(1) 貸付金債権等の元本の価額は、その返済されるべき金額
　(2) 貸付金債権等に係る利息(208≪未収法定果実の評価≫に定める貸付金等の利子を除く。)の価額は、課税時期現在の既経過利息として支払を受けるべき金額

205(貸付金債権等の元本価額の範囲)

　前項の定めにより貸付金債権等の評価を行う場合において、その債権金額の全部又は一部が、課税時期において次に掲げる金額に該当するときその他その回収が不可能又は著しく困難であると見込まれるときにおいては、それらの金額は元本の価額に算入しない。(平12課評2-4外・平28課評2-10外改正)
　(1) 債務者について次に掲げる事実が発生している場合におけるその債務者に対して有する貸付金債権等の金額(その金額のうち、質権及び抵当権によって担保されている部分の金額を除く。)
　　イ　手形交換所(これに準ずる機関を含む。)において取引停止処分を受けたとき
　　ロ　会社更生法(平成14年法律第154号)の規定による更生手続開始の決定があったとき
　　ハ　民事再生法(平成11年法律第225号)の規定による再生手続開始の決定があったとき
　　ニ　会社法の規定による特別清算開始の命令があったとき
　　ホ　破産法(平成16年法律第75号)の規定による破産手続開始の決定があったとき
　　ヘ　業況不振のため又はその営む事業について重大な損失を受

けたため、その事業を廃止し又は6か月以上休業しているとき
(2) 更生計画認可の決定、再生計画認可の決定、特別清算に係る協定の認可の決定又は法律の定める整理手続によらないいわゆる債権者集会の協議により、債権の切捨て、棚上げ、年賦償還等の決定があった場合において、これらの決定のあった日現在におけるその債務者に対して有する債権のうち、その決定により切り捨てられる部分の債権の金額及び次に掲げる金額
　イ　弁済までの据置期間が決定後5年を超える場合におけるその債権の金額
　ロ　年賦償還等の決定により割賦弁済されることとなった債権の金額のうち、課税時期後5年を経過した日後に弁済されることとなる部分の金額
(3) 当事者間の契約により債権の切捨て、棚上げ、年賦償還等が行われた場合において、それが金融機関のあっせんに基づくものであるなど真正に成立したものと認めるものであるときにおけるその債権の金額のうち(2)に掲げる金額に準ずる金額

国税不服審判所　裁決事例要旨　H19.10.10
　請求人らは、相続財産である貸付金債権について、①債務者である同族会社は、年商の約8倍もの銀行借入金を有していること、②返済期限の迫っている銀行借入金を返済する原資を有しておらず、賃貸用建物の売却代金をもってしてもなお銀行借入金を完済することができなかったこと等からして、当該会社の事業経営は、相続開始日において実質的に破綻しており、本件貸付金は回収不能債権であると認められる旨主張する。
　しかしながら、①会社の借入金が多額であっても返済条件に従った返済がなされている限り、債権者がそれ以上の返済を求めることはなく、

事業経営を継続することは可能であり、現に、会社の借入金については相続開始日において返済期限は到来しておらず、また、過去において返済が滞ったことはなく、銀行から臨時弁済を求められた事実もないこと等からすれば、借入金額が多額であることをもって事業経営が実質的に破綻しているとは言えず、②会社の収入は年々減少しているものの、相続開始後解散までの間は営業を継続しているから、収入が減少していることをもって事業経営が実質的に破綻しているともいえず、さらに、③本件において、相続開始後会社の賃貸用建物が請求人の一人に譲渡され、当該譲渡代金をもって銀行借入金が繰上げ返済され、その結果、会社の主たる資産及び収入の手段がなくなり、会社を解散するに至ったこと等を総合勘案すれば、相続開始日において、債務者である会社につき事業経営が破綻していることが客観的に明白であると認めることはできない。

15 相続対策としての不動産の売却時期
～不動産を手放すのは生前か？　相続後か？～

西　田：祐子ちゃん、ちょっと質問してもいいかなぁ。

祐　子：どうしたんですか？

西　田：相続税を支払う資金を捻出するために、不動産を売るとしたら、生前に売ったほうがいいのか、相続開始後に売ったほうがいいのか。
　　　　祐子ちゃんは、どっちだと思う？

祐　子：大切な家族を失った心痛の中で、処々の手続きもあるし、相続人間で遺産分割もしなければならないですよね。
　　　　その上、相続開始の10か月後の納税期限に間に合うように不動産を売却するって、ものすごく大変ですよね。
　　　　もし、私自身が相続人の立場だとしたら、相続開始前に売却して現金化しておいてほしいと思います。
　　　　でも、急にそんな質問してきて、どうしたんですか？

所　長：おっ、二人で何か相談事かい？

西　田：あっ、所長。
　　　　ちょうどよかった。
　　　　関与先の田中さんから「相続に関連し、不動産を売却しなければならない場合は相続の前に売るのか、後に売るのか、西田君はどっちがいいと思うかね？」って質問されちゃったんです。

所　長：なるほど。
　　　　ところで、不動産を譲渡した場合には譲渡所得税がかかるの

西　田：は知っているね。
西　田：分離課税の譲渡所得ですよね。
祐　子：たしか…、
　　　　土地や建物を売った金額から取得費、譲渡費用を差し引いて計算するんですよね。
所　長：そうだね。相続財産を譲渡した場合は、取得費加算の特例計算があるんだ。
祐　子：相続税が取得費のように加算される特例があるっていうことですね。
西　田：不動産の譲渡の際に、相続税が取得費に加算されるのであれば、相続開始後に譲渡したほうが、税金上は有利ってことですね。
所　長：譲渡所得税の額だけで考えると、確かに相続開始後に売却するほうが有利になるね。

解説

"相続税の支払いを考慮して不動産を売却し換金する必要があるが、売るのは生前か？　それとも相続開始後か？"

禅問答のような質問ですが、当事務所に相続対策を希望される相談者の大部分の方が投げかけてくる質問です。

1　税金面での損得

禅問答の最初の部分に"相続税の支払い…"とあることから、相続が起きた場合に、ある程度の相続税額が算出されることを前提にお話します。

(1) 不動産の譲渡に関する税

文中にあるように、不動産を売却すると譲渡所得税がかかります。

> 譲渡所得の計算＝譲渡価額 －（取得費＋譲渡費用）－特別控除

①居住用財産の譲渡など特別な場合を除いて特別控除はありません。
②代々所有してきた土地などの場合、取得費が不明ですので、概算取得費として譲渡額の５％相当額を取得費として計上できます。
③不動産を譲渡する際に不動産業者に仲介を依頼することが一般的ですが、仲介手数料が譲渡代金の３％＋αかかることになります。
④５年以上所有した不動産の売却の場合、譲渡所得金額の20％（国税15％、地方税5％）の税金がかかります。
⑤売買契約書には、譲渡価額に応じた収入印紙を貼付する必要があります。

上記の①〜⑤を前提に譲渡代金を5,000万円として、譲渡所得の税金を概算計算すると下記のようになります。

> （計算式）
> ｛5,000万－（5,000万×5％＋5,000万×3％＋3万）｝×20％≒920万
> ｛譲渡額－（概算取得費＋仲介料＋軽減措置後の印紙代）｝×税率＝譲渡税
>
> 手残りとなる金額＝5,000万－（5,000万×3％＋3万＋920万）≒3,927万
> 手残率＝3,927万÷5,000万≒78％

　税金の負担や諸費用の負担を差し引くと、売却額の78％が手残りとなります。
　譲渡所得があった翌年は、国民健康保険税や医療費の自己負担額なども増加する場合があります。
　これらを考慮し、相談者には「不動産を売却した場合、手残りは売却額の70％くらいだと思ってください」とお答えするようにしてい

ます。

　逆算すると、「もし必要資金を5,000万円とするのであれば、7,200万円（5,000万÷70％≒7,142万）ほどの譲渡をしないと足りませんよ」とご説明するようにしています。

(2) 生前か相続開始後か

　相続税評価額は、時価の8割程度を目途として算出することとなっていますが、「土地の時価」と「公表される路線価の額」が、この「8割程度」の関係になっていることばかりではないのが実情であり、路線価よりも時価が下回ってしまうという逆転現象も実例としては多く見受けられます。

　相談者である田中さんの土地が相続税評価で1億円であるにもかかわらず、時価相場が8,000万円と、逆転現象が起きているとします。

　もちろん、土地が少しでも高く売れればいいのでしょうが、

　相続開始前に8,000万円で売却した直後に相続が発生した場合は、売却代金である8,000万円が預金口座等に預け入れられていることとなります。

　ほかに財産がないとした場合、相続財産は8,000万円となります。

　売買を延期し、売却前に相続が発生した場合の相続財産は1億円となり、相続税の課税財産額を単純に比べると、生前に売却したほうが有利となります。

2 売却額面での損得
(1) 買い叩かれる？

　「相続開始があった場合、10か月後には相続税を払う」ということは、一般の方でも周知の事実となっています。

　相続後に不動産を売却するには、相続人間における遺産分割の手続きを経て、その相続する方への名義変更(相続登記)が終らないと原則、売却できません。

　相続登記を行うと、登記簿(登記事項証明書)には「平成○年○月○日相続により取得」と明記されます。

　登記事項証明書は、誰でも見ることができますし、その不動産を購入しようとする方は、必ず事前に確認します。

　「おっ、この土地所有者は相続をしたばかりだな。相続税を10か月後に払わなきゃならないから、急いで売りたいのかもしれない。よし、ダメモトで大きく値切ってみよう」と、買主側としては当然、値切ってくる可能性があるのは、ある意味仕方のないことです。

(2) 境界線などの未確定？

　昔ならいざ知らず、今どき不動産を売却する場合、不動産の境界を確定しないと売却が難しいのが現実です。

　相続が始まってすぐに、隣接地主に「境界確定の立合いをお願いします」といった場合、上記(1)同様、「自分が有利なように境界線を主張しよう」と考える地主さんがいたとしても不思議ではありません。

　相続税の支払い期限等を考えると、相続人側は、多少不利となっても、境界線の確定を優先せざるを得ません。

　その結果、土地の面積が減れば売却額にも影響が出てしまいます。

3　売却しなければならないことの損得
(1) 遺産分割の交渉材料？

　資金的に余裕のある相続人は別として、財産を相続しても、その一部を売却しないと相続税が払えない相続人もいます。

　そのような場合は上記2(1)の解説とは別に、他の相続人からも足元を見られる可能性があります。

(2) 私の代で不動産を減らす決断

　相続対策で相談に来られる方は「先祖から預かった土地を私の代で減らすわけにはいかない」と仰る方がいます。

　その言葉の意味は、もちろん分かるのですが、その想いは後継者の方も同じだと思います。

　「親父が亡くなった直後に、相続税の支払いのためとはいえ、先祖から預かってきた土地を売却するのは気が引ける。相続税を払うことは分かっていたんだから、親父が元気なうちに売って現金に替えておいてくれればよかったのに」と、亡くなったばかりの父親に、文句や愚痴をこぼす相続人の方もいます。

　金額等での損得ではなく、「自分の代で土地を減らした」ということにより、「親父がやらないから、俺が貧乏くじを引いた」と、心理的な「損」が相続人に生じます。

4　専門家としての提案

　私の職業は、税理士ですので税金面で相談者に損をさせることは本意ではありません。

　このため、前述1の税金面での損得でいえば「相続開始後に不動産の売却」をお勧めするべきだと思います。

　しかし、多くの相続関連案件に携わってきた経験上、前述2や3のよ

うに、相続人の方々が困ってしまう場面や損をする場面も多く見てきました。

前述のように「相続税の取得費加算」(措法39条)の改正があるまでは、税金面の損得を優先することをお勧めする場面のほうが多くありましたが、これも同法の改正後の今では、あまり損得に影響が出なくなっています。

また、土地の時価変動などの要因や、相続財産の規模により、相続税の税率が変動することなどもあり、一概に、画一的な答は出せません。

一般論での答としては、税金面での損得よりも、場合によってはプライスレスな前述2や3のようなリスクを優先したほうがベターな回答となると思います。

過去の実例の中には、「生前に不動産を売却する決断」をされた方がいました。

残念ながら、その年中に、その方は亡くなってしまいました。

このため、準確定申告として譲渡所得税の申告をしました。

相続開始時には譲渡所得の納税期限が到来していませんが、譲渡税相当額を相続税申告の際に債務控除したのは言うまでもありません。

また、前述の事例では長期譲渡所得の場合、地方税が5％と概算計算をしていますが、地方税は翌年の1月1日に課税されるため、年内に亡くなった方の地方税は算出されません。

このため、結果的ではありますが、生前に売却したほう(売却の年に相続開始)が、地方税5％相当額分だけ税負担が少なくなったケースもあります。

文中で祐子ちゃんが「もし、私自身が相続人の立場だとしたら、相続開始前に売却して現金化しておいてほしいと思います」と言っています。

案外、祐子ちゃんの意見が正解に近いのかもしれません。

租税特別措置法
(相続財産に係る譲渡所得の課税の特例)

第39条 相続又は遺贈(贈与者の死亡により効力を生ずる贈与を含む。以下この条において同じ)による財産の取得(相続税法又は第70条の5若しくは第70条の7の3の規定により相続又は遺贈による財産の取得とみなされるものを含む。第6項において同じ)をした個人で当該相続又は遺贈につき同法の規定による相続税額があるものが、当該相続の開始があつた日の翌日から当該相続に係る同法第27条第1項又は第29条第1項の規定による申告書(これらの申告書の提出後において同法第4条に規定する事由が生じたことにより取得した資産については、当該取得に係る同法第31条第2項の規定による申告書。第4項第1号において「相続税申告書」という)の提出期限(同号において「相続税申告期限」という)の翌日以後3年を経過する日までの間に当該相続税額に係る課税価格(同法第19条又は第21条の14から第21条の18までの規定の適用がある場合には、これらの規定により当該課税価格とみなされた金額)の計算の基礎に算入された資産の譲渡(第31条第1項に規定する譲渡所得の基因となる不動産等の貸付けを含む。以下この項、第4項及び第8項において同じ)をした場合における譲渡所得に係る所得税法第33条第3項の規定の適用については、同項に規定する取得費は、当該取得費に相当する金額に当該相続税額のうち当該譲渡をした資産に対応する部分として政令で定めるところにより計算した金額を加算した金額とする。
〈第2項以降は記載省略〉

(相続財産に係る譲渡所得の課税の特例)
租税特別措置法施行令

第25条の16 法第39条第1項に規定する譲渡をした資産に対応する部分として政令で定めるところにより計算した金額は、第1号に掲げる相続税額に第2号に掲げる割合を乗じて計算した金額とする。ただし、

当該計算した金額が、当該資産の譲渡所得に係る収入金額から同項の規定の適用がないものとした場合の当該資産の取得費及びその資産の譲渡に要した費用の額の合計額を控除した残額に相当する金額を超える場合には、その残額に相当する金額とし、当該収入金額が当該合計額に満たない場合には、当該計算した金額は、ないものとする。

1　当該譲渡をした資産の取得の基因となつた相続又は遺贈（法第39条第1項に規定する遺贈をいう。第3項において同じ）に係る当該取得をした者の同条第1項に規定する相続税法（昭和25年法律第73号）の規定による相続税額（同条第6項の規定又は第3項の規定の適用がある場合にはその適用後の金額とし、これらの相続税額に係る国税通則法第2条第4号に規定する附帯税に相当する税額を除く）で、当該譲渡の日の属する年分の所得税の納税義務の成立する時（その時が、法第39条第1項に規定する相続税申告書の提出期限内における当該相続税申告書の提出の時前である場合には、当該提出の時）において確定しているもの

2　前号に掲げる相続税額に係る同号に規定する者についての相続税法第11条の2に規定する課税価格（同法第19条又は第21条の14から第21条の18までの規定の適用がある場合にはこれらの規定により課税価格とみなされた金額とし、同法第13条の規定の適用がある場合には同条の規定の適用がないものとした場合の課税価格又はみなされた金額とする）のうちに当該譲渡をした資産の当該課税価格の計算の基礎に算入された価額の占める割合
〈第2項以降は記載省略〉

16 分筆手続きは生前？相続後？
～安易な「共有」はトラブルのもと！？～

西　田：今日は遺産分割についてお話しに来ました。
　　　　どのように分けるか、話は進んでいますか？

長　男：ちょうどよかった。
　　　　今、妹が来て、その話をしていたところだよ。

長　女：私は嫁いだ人間だから、ほとんどの財産はいらないのですが…。
　　　　裏の畑だけはどうしても欲しいんです。

長　男：実家の裏の倉庫の横の畑のことだな。
　　　　俺は構わないよ。
　　　　でも、倉庫の土地は、俺が仕事で使っているから渡せないぞ。

長　女：私は畑だけもらえれば、倉庫の土地はいらないわよ。

祐　子：その土地は一筆の土地のようです。
　　　　半分が倉庫の敷地、もう半分が畑ですね。

長　男：じゃー、半分ずつで問題ないな。

長　女：そうね。そうしてもらえるとありがたいわ。

西　田：半分ずつ分けるには２通りの方法があります。
　　　　１つは共有、もう１つは分筆をして、それぞれが所有する方法です。

長　男：共有は何だか面倒だって聞いたことがあるな…。
　　　　もう１つの分筆って？

西　田：分筆は、一筆の土地を２つに分けることをいいます。

「自分たちでここからここまで」となんとなく決めるだけではなく、きちんと境界標も入れて登記をし直すことで、「どこが誰の土地」と所有者をはっきりさせることです。

祐　子：共有ですと、全体の半分の権利を有するという概念になりますので、明確な境目がありません。
　　　　分筆には、手間も費用も掛かるので、「とりあえず共有で相続」と仰るご家族は沢山いらっしゃいます。

西　田：「とりあえず」といいながら、結局、そのままになっちゃいます。
　　　　何年かして「実はあの後、色々あって…」と、再度相談に来られる方が多いんです。

長　女：「とりあえず共有」だと後で何が起こるんですか？

祐　子：例えば…
　　　　共有なので、固定資産税の支払いの通知は、どちらかお1人にくることになります。
　　　　兄妹で、仲良く精算してください。

西　田：あとは…
　　　　畑の部分に家を建てるとしますね。
　　　　銀行から借入をする場合は、土地を担保に入れますよね。
　　　　一筆の土地を共有していますから、倉庫の敷地部分も担保に入ります。

祐　子：そのほかに…
　　　　倉庫を使わなくなったので、その土地を売却するとします。
　　　　持分半分だけを買ってくれる人は、なかなかいません。
　　　　売却するには、全体を売ることになってしまいます。

西　田：お二人の代では共有でも問題ないかもしれません。
　　　　しかし、お子さんやお孫さんの代になったらどうなるか…。
　　　　想像できると思います。

長女：なるほどね。
　　　子や孫の代では、色々起きちゃうわね。
長男：まっ、自分たちの今後のためと思えば、多少費用と手間がかかってもしょうがないか。

解説

　遺産分割などにおいて、「それぞれが」、「何を受け取るか」は相続人にとって一大事ですが、「どのように受け取るか」については、あまり関心が及ばない方がいらっしゃいます。

　今回の事例のように一筆の土地に複数の利用単位が混在しているケースは多々あります。

　普段は特に問題とならないかもしれませんが、相続の際などには、解決をする必要が出てきます。

　特に、土地の共有に関しては、「手間暇かけるのは面倒なので、とりあえず共有で！」という結論を出される方は少なくありません。

　共有で不動産を持つということのリスクを、あまり想像できないことが理由の一つにあります。

　今回の事例の西田君や祐子ちゃんのように、具体的な問題点を挙げながらお話をすることで、分かっていただきやすい場合があります。

　相続の際に「とりあえず共有」としてしまったものを解消するのは、大変な手続きが必要となります。

　共有状態を解消するには、現状一筆の土地を実際の利用単位に即して測量を行い、その測量に応じて分筆を行います。

　以前は、分筆する土地を共有している者の同意と印鑑などで登記の手続きができた時代もありましたが、現在の手順では、その土地に接する土地を持った方（隣接地主）全員に境界確定のため、現場に立ち合ってい

ただき、その境界で問題ない旨の同意をもらうなどの手続きがないと、分筆ができません。

　その土地に接する道路の所有者が国や県、市町村などの役所の場合は、その役所の方の立合いと同意も必要です。

　また、隣接地主の中には、境界確定に同意をしてくれない方や、立合いに来てくれない方もいます。

　無事に分筆が終わっても、これで完了とはなりません。

　2つに分けられた土地は、それぞれが長男・長女の共有となってしまいます。

　これを解消するためには、「共有物分割」(図1)や「等価交換」(図2)などの登記手続きが必要となります。

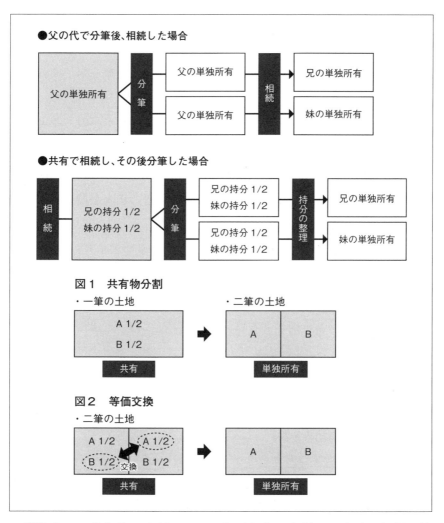

　税法上は、共有物の分割により、各所有者が取得した土地の価額に差異が生じない場合はその譲渡はなかったのもとして取り扱います(所基通33-1の6)が、価額に差が生じてしまった場合や複数の土地などの共有物分割を行った場合には贈与税の課税などの注意が必要となります。

　また、交換特例(所得税法第58条)の適用要件に合致しない場合は、通常の譲渡として所得税が課税されることとなってしまいます。

相続税の申告と納税や相続登記を終わらせ、"ホッ"としてる間もなく、分筆や共有解消の登記を行うのであれば、精神的にも気が休まりませんし、相続税課税後に登記費用等を子が負担しなければならず、金銭面でも苦労が絶えません。

また、兄妹間の関係が良好であればまだしも、仲たがいのある場合などは、共有物分割もままなりません。

今回の事例では、生前の被相続人も長男と長女のそれぞれに土地を渡そうと考えていたようですが、分筆登記や遺言書の作成など、実際の作業や手続きが生前には行われていませんでした。

生前に相続対策をされる場合は、節税効果に力を注ぎがちになります。

特に相談者の興味は「相続税を中心とした税額」に集中しがちですが、「将来必要となる作業」を行うことも「大事な相続対策」となります。

分筆が必要となる土地がある場合には、生前に行ったほうが良いのかも知れません。

所得税法基本通達
33-1の6（共有地の分割）
　個人が他の者と土地を共有している場合において、その共有に係る一の土地についてその持分に応ずる現物分割があったときには、その分割による土地の譲渡はなかったものとして取り扱う。（昭56直資3-2、直所3-3追加）

　　（注）1　その分割に要した費用の額は、その土地が業務の用に供されるもので当該業務に係る各種所得の金額の計算上必要経費に算入されたものを除き、その土地の取得費に算入する。
　　　　　2　分割されたそれぞれの土地の面積の比と共有持分の割合とが異なる場合であっても、その分割後のそれぞれの土地の価

> 額の比が共有持分の割合におおむね等しいときは、その分割はその共有持分に応ずる現物分割に該当するのであるから留意する。

所得税法
（固定資産の交換の場合の譲渡所得の特例）
第58条(要旨)

　　居住者が、各年において、1年以上有していた固定資産で次の各号に掲げるものをそれぞれ他の者が1年以上有していた固定資産で当該各号に掲げるもの（交換のために取得したと認められるものを除く。）と交換し、その交換により取得した当該各号に掲げる資産（以下この条において「取得資産」という。）をその交換により譲渡した当該各号に掲げる資産（以下この条において「譲渡資産」という。）の譲渡の直前の用途と同一の用途に供した場合には、第33条（譲渡所得）の規定の適用については、当該譲渡資産（取得資産とともに金銭その他の資産を取得した場合には、当該金銭の額及び金銭以外の資産の価額に相当する部分を除く。）の譲渡がなかつたものとみなす。

　一　土地（建物又は構築物の所有を目的とする地上権及び賃借権並びに農地法第2条第1項に規定する農地の上に存する耕作に関する権利を含む。）
　二　建物（これに附属する設備及び構築物を含む。）
　（省略）

　2　前項の規定は、同項の交換の時における取得資産の価額と譲渡資産の価額との差額がこれらの価額のうちいずれか多い価額の100分の20に相当する金額を超える場合には、適用しない。

3　第1項の規定は、確定申告書に同項の規定の適用を受ける旨、取得資産及び譲渡資産の価額その他財務省令で定める事項の記載がある場合に限り、適用する。

4　（後略）

17 生命保険金の受取人
～受取人は誰の法定相続人？～

相談者　：昨年、義姉が亡くなりました。
　　　　　その義姉を追いかけるように、今年、兄が亡くなってしまいました。
　　　　　親代わりの兄がいなくなってしまい、独りぼっちになってしまいました。

西　田　：お兄様のことを大切にされていたんですね。

相談者　：いえ、兄が僕を大切にしてくれていたんです。
　　　　　早くに両親を亡くしたこともあって、兄が親代わりをしてくれました。
　　　　　ところで、兄の相続に関して、私は何をしたらいいでしょうか？

祐　子　：戸籍を拝見しましたが、お兄さん夫婦には、お子さんがいらっしゃらないようです。
　　　　　ご両親も先に亡くなられているので、弟さん1名が法定相続人になります。

相談者　：兄も子供は欲しがっていたんですけどね…。
　　　　　兄の遺産をあてにしてきたわけではないですが、兄が遺産を僕に遺してくれたのであれば、ありがたく受け取りたいと思います。

西　田　：お兄さんの通帳を拝見したのですが、定期的に生命保険の掛け金と思われる引落しがあります。
　　　　　保険の証書のようなものはありませんか？

相談者：生命保険の証書が兄の家にあったので、今日持ってきています。
義姉が困らないように保険に入っていたのでしょうね。

西　田：そのようですね。確かに受取人は亡くなられた奥様のようですね。

相談者：義姉は兄より先に亡くなっています。
受取人がいないと、どうなるのでしょうか？

裕　子：受取人がいない場合は、保険契約時の約款によることになります。
保険証書と一緒に、保険約款のようなものは保管してありませんでしたか？

相談者：明日、保険会社の担当者と手続きのことで会います。
その際に聞いておきます。

　　　　　　　　　…後日…

相談者：先日の保険金の受取人の件ですが…。
何でも義姉の兄弟のほうにいくそうです。
義姉とその兄弟は、昔いろいろあったようで、長い間疎遠になっていました。
確か、義姉の葬儀にも来なかったんじゃなかったかな？
「その保険金、私が欲しい！」というわけではありませんが、兄が義姉のためと思って加入していた保険が、その義姉と仲の悪い兄弟のもとに行ってしまうとは…。

解説

生命保険や生命共済などの契約の際には、死亡保険金などの受取人を指定することが一般的ですが、受取人の指定をしていない事例や、本件のようにその保険事故が発生した時点で、受取人が先に死亡している事

例もあります。

このような場合に、「なぜ？」と思うような方が保険金の受取人となる場合があります。

相続税法第3条に「相続又は遺贈により取得したものとみなす」とされ、その代表格として同条第1項第1号に生命保険金について書かれています。

このため、我々専門家の間では「生命保険は相続財産ではなく、みなし相続財産である」というのは、常識となっており、たまに起きる「なぜ？」という場面の理由が理解しやすいのですが、一般の方にはまだまだ馴染みがなく、説明を行うのに苦労する場面があります。

【相続税法】
第3条（相続又は遺贈により取得したものとみなす場合）
次の各号のいずれかに該当する場合においては、当該各号に掲げる者が、当該各号に掲げる財産を相続又は遺贈により取得したものとみなす。この場合において、その者が相続人（相続を放棄した者及び相続権を失つた者を含まない。第15条、第16条、第19条の2第1項、第19条の3第1項、第19条の4第1項及び第63条の場合並びに「第15条第2項に規定する相続人の数」という場合を除き、以下同じ。）であるときは当該財産を相続により取得したものとみなし、その者が相続人以外の者であるときは当該財産を遺贈により取得したものとみなす。
一　被相続人の死亡により相続人その他の者が生命保険契約（保険業法（平成7年法律第105号）第2条第3項（定義）に規定する生命保険会社と締結した保険契約（これに類する共済に係る契約を含む。以下同じ。）その他の政令で定める契約をいう。以下同じ。）の保険金（共済金を含む。以下同じ。）又は損害保険契約（同条第4項に規定する損害保険会社と締結した保険契約その他の政令で定める契約をいう。以下同じ。）の保険金（偶然な事故に基因する死亡に伴い支払わ

れるものに限る。)を取得した場合においては、当該保険金受取人(共済金受取人を含む。以下同じ。)について、当該保険金(次号に掲げる給与及び第5号又は第6号に掲げる権利に該当するものを除く。)のうち被相続人が負担した保険料(共済掛金を含む。以下同じ。)の金額の当該契約に係る保険料で被相続人の死亡の時までに払い込まれたものの全額に対する割合に相当する部分

(以下省略)

昭和40・2・2　最高裁判決(要旨)
一　養老保険契約において被保険者死亡の場合の保険金受取人が単に「被保険者死亡の場合はその相続人」と指定されたときは、特段の事情のないかぎり、右契約は、被保険者死亡の時における相続人たるべき者を受取人として特に指定したいわゆる「他人のための保険契約」と解するのが相当である。
二　前項の場合には、当該保険金請求権は、保険契約の効力発生と同時に、右相続人たるべき者の固有財産となり、被保険者の遺産より離脱しているものと解すべきである。

　この判例要旨を簡記すると「保険金請求権は、被相続人の死亡と同時に相続人固有の財産となるから遺産ではない」となります。
　この最高裁判決に基づき、生命保険金は「民法上、相続財産ではない」こととなりますが、「相続税法上はみなし相続財産として課税」されます。
　また、相続財産ではないことから、遺産分割協議の対象にもなりません。
　それを前提に、いくつかの例を見てみましょう。

≪ケース１≫　保険金受取人の指定がない場合
　　被　保　険　者：　被相続人
　　指定保険受取人：　指定なし
　　民法上の相続人：　配偶者と子２名

　前述の最高裁判例にも「特段の事情のないかぎり、被保険者死亡の時における相続人たるべき者を受取人」となっています。
　これにより一般的な保険約款にも「保険金受取人の指定がない場合は、その相続人に支払う」などと書かれています。

　≪ケース１≫においては、『被相続人の相続人』が『受取人』となることから、「配偶者」と「子」が保険金の受取人となります。
　民法で言う法定相続人と、結果的に一致することになり、死亡した人の配偶者は常に相続人となり、配偶者以外の人は次の順序で配偶者とともに相続人になります。

＜相続人の順位＞
第１順位の相続人(子など)
第２順位の相続人(被相続人の父母など)
第３順位の相続人(被相続人の兄弟など)

　ケース１が一般的な事例であり、法定相続人と保険金の受取人が「結果的に一致」することから、「(どのような場合でも)保険金受取人の指定がないときは法定相続人が受け取る」と都市伝説的な勘違いをされがちです。

≪ケース２≫　保険金受取人が先に死亡している場合 ①
　　被　保　険　者：被相続人(夫)
　　指定保険受取人：配偶者(妻)を指定。ただし夫より先に死亡

民法上の相続人：子

保険契約上、受取人を妻(配偶者)としていましたが、夫より先に妻が亡くなっています。

妻の死後においても、保険金受取人の指定が変更されていません。

今回、西田君たちが出くわした事例と似ていますが、大きな違いは、被相続人に子がいるという点です。

この≪ケース2≫においては、被相続人の「子」が、結果的に保険金を受け取ることとなりますが、被相続人の法定相続人として受け取ったのではなく、指定された受取人である妻(母)の相続人として受け取ったこととなります。

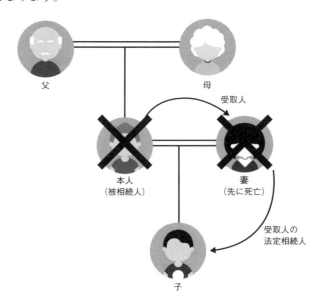

≪ケース3≫　保険金受取人が先に死亡している場合 ②

被　保　険　者：被相続人(夫)

指定保険受取人：配偶者(妻)を指定、ただし夫より先に死亡

民法上の相続人：被相続人の兄妹姉妹

子(直系卑属)がいないという部分が≪ケース２≫との大きな相違点です。
　子がいない場合は、民法上の相続人と保険金の受取人が一致しないことから注意が必要です。
　西田君たちが出くわした事例に当てはめてみましょう。

［民法上の相続人］
第１順位の相続人…先に配偶者死亡、子はいない
第２順位の相続人…父母は先に死亡
第３順位の相続人…実弟が相続人

［保険契約上の相続人］
　前述の判例に置き換えてみると
・生命保険契約における受取人は配偶者(妻)が指定されている。
・被相続人の死亡と同時に、指定されている受取人である妻の固有の財産となる。
・指定されている妻が先に死亡していることから、妻の相続人(妻の兄弟姉妹)が受け取る。
　ということとなります。

　配偶者が受取人として指定された保険契約の保険金受取請求権は、被相続人からみると配偶者側の家族である「姻族」に承継されます。
　民法による一般的な相続人を想定すると「血族」である兄弟姉妹が保険金を受け取ることとなるのですが、保険などの契約上で受取人が指定されている場合は、いわゆる血縁関係のない配偶者側の親族が承継することになります。

　今回西田君たちが出くわした事例においては、生前の被相続人が、妻の死後に保険金受取人の変更をしておくことで、実弟が受け取ることができたものと思われます。

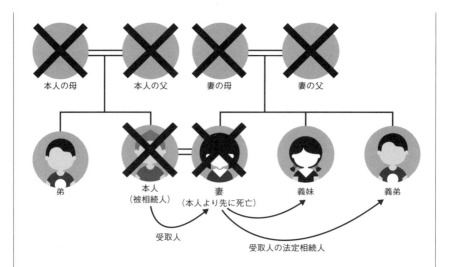

注：上記は一般的な事例であり、相続人等の関係を異にする場合があり、また保険契約時の約款などに受取人の相続についての記載がある場合には、約款によるものとなります。

18 全額債務控除できない？
～長期の預り敷金は要注意!?～

西　田：所長、相続税の申告書の決裁をお願いします。

所　長：どれどれ。
　　　　おっ？！　債務の欄に大きな額の計上があるね。

祐　子：被相続人所有の土地を大手スーパーマーケットの店舗兼駐車場用地として賃貸しています。
　　　　その賃貸に関して、賃借人より2,000万円の敷金を受けています。

西　田：その2,000万円を債務に計上しました。

所　長：賃貸借契約書の内容は確認してあるのかい？

西　田：もちろんですよ。
　　　　契約書のコピーを入手してあります。

所　長：敷金の返還時の利息について記載があるかい？

西　田：契約書によると「無利息で返還」って書いてあります。

所　長：契約期間の残り年数はどれくらいかな？

祐　子：相続開始日時点で、残り20年です。

所　長：なるほどぉ。

祐　子：所長、なにか問題がありましたか？

西　田：まさか、預り敷金を債務計上してはいけない…なんてことはないですよね。
　　　　アパート経営をしている場合の預り敷金は、いつも債務計上しているじゃないですか。

祐　子：月極駐車場などの場合の預り敷金も、債務計上していることを考えると、今回のケースも債務計上して問題ないと思ったのですが…。

所　長：一般的に月極駐車場の場合は、賃貸借契約の期間が1年程度の短期間となっているので問題ないが、今回のように長期間の契約で無利息での敷金返還の場合は、預り敷金の額がそのまま債務控除とならない場合があるんだ。
国税不服審判所の裁決事例があるから調べてごらん。

解説

相続財産の計算に際しては未払金や借入金などの債務控除の計算を行います。

賃貸不動産などがある場合には、返還義務のある預り敷金や保証金も債務控除の対象となるのは言うまでもありません。

一般的には、賃貸借契約書等に記載されている金額をそのまま「債務控除の額」としてしまいがちですが、評価計算をし、債務額を決定しなければならないケースがあります。

「複利現価率」で割り戻した金額を債務の額とする国税不服審判所の裁決事例(別添参照)を基に計算例を計算してみましょう。

(計算例)
・相続開始日：平成28年1月
・相続開始日から契約期間満了までの未経過期間：20年
・預り敷金の額：2,000万円
・H28.1の長期基準金利：0.5％　≪別表1≫参照
・H28.1の基準金利0.5％、20年の複利原価率：0.905
　≪別表2≫参照

［預り保証金の評価］
2,000万円×0.905＝1,810万円

　債務控除できる金額は2,000万円ではなく、1,810万円となります。
　金利の低い（マイナス金利の）今日でさえも、未経過期間が20年と長期であれば債務計上額（評価額）に1割程度の影響が出てしまいます。
≪別表2≫参照
　後添の裁決事例における相続開始時の基準利率は3％であり、未経過期間も40年超であったことから債務の評価額が75％程度となっています。
　一般的な月極駐車場や貸家などの賃貸借契約は契約期間1〜5年程度となっている場合が多いことから、賃貸借契約書の額のままで問題ありませんが、賃貸借契約期間の未経過期間が長い場合や預り保証金が高額な場合は、この債務計上する評価額の検討が必要となります。
　また、一般的ではありませんが、賃貸借契約書等に「預り保証金には○○％の利息を付する」旨の記載がある場合には、経過期間に対する未払利息の債務計上の検討が必要です。

　話は変わりますが、遺言書を作成する場合の「債務」の負担者の記載についても注意が必要になります。
　受遺者については、基本的に「債務控除」が認められていません。
　受遺者の立場で債務控除が認められるのは、相続人と同等の地位を有する「包括受遺者」に該当したときのみとなります。
　自筆遺言など、ご自身で原案を考えて作成された遺言書にありがちなケースですが、税務のことが考慮されておらず、相続税の計算上取扱いに困る（判断に迷う）ケースがあります。相続税課税が想定される方の遺

言書の作成の際には、将来かかるであろう相続税のことまで配慮して、遺言書の内容を検討する必要があります。

≪国税不服審判所　H19.4.26裁決事例集No.73≫　3判断(抜粋)
イ　相続税法の各規定によれば、相続税の課税価格は、取得財産の価額の合計額から、相続開始の際に被相続人の債務で、相続開始の際現に存し、かつ、確実と認められるものの金額及び葬式費用の金額を控除した額である。そして、取得財産の価額は、当該財産の取得の時、すなわち相続開始時における時価により、控除すべき債務の金額は、相続開始時の現況によることとされている

　これらの規定により、相続税は、財産の無償取得によって生じた経済的価値の増加に対して課される租税であるところから、その課税価格の算出に当たっては、取得財産と控除すべき債務の双方について、相続開始時において、それぞれ現に有する経済的価値を客観的に評価した金額を基礎とするのであるが、債務については、その性質上客観的な交換価値がないため、交換価値を意味する「時価」に代えて、その「現況」により控除すべき金額を評価する旨規定しているものと解される。

　したがって、控除すべき債務が弁済すべき金額の確定している金銭債務の場合であっても、その弁済すべき金額が当然に当該債務の相続開始時における消極的経済価値を示すものとして課税価格算出の基礎となるものではなく、金銭債権について、その権利の具体的内容によって時価を評価するのと同様に、金銭債務についてもその利率や弁済期等の現況によって控除すべき金額を個別的に評価しなければならないのであり、控除すべき債務の金額は必ずしも常に当該債務の金額と一致するものではない。

　そして、無利息で預託されている金銭債務(以下「無利息債務」という。)であれば、これを承継した相続人は、通常の利率による利息相当額の経済的利益を弁済期が到来するまでの期間享受することとな

り、その享受する経済的利益の相続開始時における現在価値に相当する額だけ相続又は遺贈により取得した経済的価値の減殺要因が小さくなることから、無利息債務の相続開始時の評価額は、通常の利率と弁済期までの年数から求められる複利現価率を用いて相続開始時現在の経済的利益の額を計算し、無利息債務の元本額からこの経済的利益の額を控除した金額とするのが相当である。

ロ これを本件についてみると、別表3、別表4及び上記1(4)争いのない事実等イからニ記載の各事実によると、本件各保証金等に係る返還債務は、本件相続開始日現在において弁済期未到来の無利息債務であり、その弁済期は、別表5の「②未経過期間」欄記載の通り、各保証金については44年から47年後であり、敷金については16年後であると認められる。また、本件相続開始日現在における通常の利率を基準年利率（3.0％）とすることについて、請求人らは争わず、当審判所も相当と認める。

そうすると、本件各保証金等に係る控除すべき債務の金額は、本件各保証金等の元本額から無利息による経済的利益の額を控除した金額とするのが相当であり、具体的には、本件各保証金等の元本額に、本件相続開始日現在における基準年利率（3.0％）の各未経過期間に対応する複利現価率を乗じて算出した金額となる。

したがって、本件各保証金等に係る控除すべき債務の金額は、原処分庁が主張する別表5の「④控除すべき債務の金額」欄記載の各金額と同額となり、本件各保証金等の元本額を控除すべき債務の金額とすることはできないから、この点に関する請求人らの主張には理由がない。

≪別表1≫平成28年分の基準年利率について(法令解釈通達)

(単位:%)

区分	年数又は期間	平成28年1月	2月	3月	4月	5月	6月	7月	8月	9月	10月	11月	12月
短期	1年	0.01	0.01	0.01	0.01	0.01	0.01	0.01	0.01	0.01	0.01	0.01	0.01
	2年												
中期	3年	0.01	0.01	0.01	0.01	0.01	0.01	0.01	0.01	0.01	0.01	0.01	0.01
	4年												
	5年												
	6年												
長期	7年以上	0.5	0.25	0.1	0.05	0.01	0.01	0.01	0.01	0.05	0.05	0.05	0.1

(注) 課税時期の属する月の年数又は期間に応ずる基準年利率を用いることに留意する。

≪別表2≫複利表(平成28年1月 抜粋)

(単位:%)

区分	年数	年0.5%の複利年金現価率	年0.5%の複利現価率	年0.5%の年賦償還率	年2%の複利終価率
長期	7	6.862	0.966	0.146	1.148
	8	7.823	0.961	0.128	1.171
	9	8.779	0.956	0.114	1.195
	10	9.730	0.951	0.103	1.218
	11	10.677	0.947	0.094	1.243
	12	11.619	0.942	0.086	1.268
	13	12.556	0.937	0.080	1.293
	14	13.489	0.933	0.074	1.319
	15	14.417	0.928	0.069	1.345
	16	15.340	0.923	0.065	1.372
	17	16.259	0.919	0.062	1.400
	18	17.173	0.914	0.058	1.428
	19	18.082	0.910	0.055	1.456
	20	18.987	0.905	0.053	1.485
	21	19.888	0.901	0.050	1.515
	22	20.784	0.896	0.048	1.545
	23	21.676	0.892	0.046	1.576
	24	22.563	0.887	0.044	1.608
	25	23.446	0.883	0.043	1.640

≪別表３≫

本件各保証等に係る控除すべき債務の金額（原処分庁主張額）

区分	①本件各保証金等の元本願(円)	②未経過期間(年)	③複利現価率	④控除すべき債務の金額(円)（①×③）
本件A契約	500,000	46	0.257	128,500
本件B契約	1,650,000	45	0.264	435,600
本件C契約	1,000,000	47	0.249	249,000
本件D契約	1,800,000	44	0.272	489,600
本件E契約	1,750,000	46	0.257	449,750
本件F契約	1,800,000	44	0.272	489,600
本件G契約	5,000,000	16	0.623	3,115,000
計	13,500,000			5,357,050

19 雑種地の賃借権

～契約書の「自動更新」の文言が評価に影響？～

祐　子：あら、西田さん何か考え事？

西　田：関与先の山田さんから「運送会社の敷地として貸している土地の契約期間が満了するが、最初の契約書に『自動更新』って書いてあるから問題ないよね？」って聞かれたんだけど、祐子ちゃんどう思う？

祐　子：一般的な不動産の賃貸借契約書には「自動更新」って記載がありますよね。
運送会社の敷地として貸している土地であっても同じなのではないんですか？

西　田：そうなんだよね。今後も毎月の賃料をもらえてさえいれば、確定申告の際の収入や所得の計算には影響ないよね。
でも、改めて聞かれるとちょっと心配になっちゃってさ。

祐　子：山田さんは、毎年の確定申告と相続対策の依頼を受けている方ですね。

西　田：相続の際には、何か影響があるのかなぁ？

所　長：おっ、2人で難しい顔して話しているね。
何か問題でもあったのかな？
（西田君と祐子ちゃんの話に所長が加わり、2人が概要を説明した）

所　長：山田さんが貸している土地は、運送会社の建物の敷地なのかい？

西　田：運送会社の建物が建っている敷地部分は、近所の他の人が所

>　　　　　有している土地だそうです。
>　　　　　山田さんが所有して賃貸している土地は、運送会社のトラックや従業員の通勤用自家用車を停める駐車場部分になるそうです。
>　　　　　更地のまま賃貸し、借主である運送会社がアスファルトやコンクリートを敷いて使っているそうです。
> 所　長：なるほど。そうなると、相続のときには、影響が出そうな話だね。

解説

1　土地の所有者が、自らその土地を貸駐車場として利用する場合

　土地の所有者が、自らその土地を貸駐車場として利用している場合には、自用地として評価します。

　このように自用地としての価額により評価するのは、土地の所有者が、その土地をそのままの状態で（又は土地に設備を施して）貸駐車場を経営することは、「その土地で一定の期間、自動車を保管することを引き受けること」であり、このような自動車を保管することを目的とする契約は、「土地の利用そのものを目的とした賃貸借契約とは本質的に異なる権利関係」となります。

　この場合の駐車場の利用権は、その契約期間に関係なく、その土地自体に及ぶものではないと考えられるためです。
（以上、タックスアンサーNo.4627より抜粋）

　今回の事例は、土地を他人（他社）に賃貸し、借主が駐車場として利用（使用）していることなどから、借主側の権利（賃借権）が発生することになり、この自用地評価には当てはまりません。

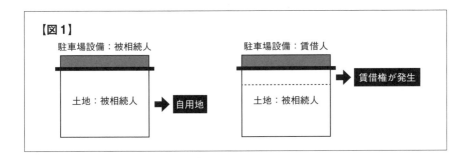

2　定期借地権の評価

　従前は、期間が満了しても貸主側によほどの事情がない限り契約は自動更新されてしまい、なかなか貸主のもとに土地は返ってこないということがありましたが、現在の借地借家法に基づく「定期借地権」については、読んで字のごとく「定期」であり、契約時に契約期間を定めていることから契約期間が終了すると貸地・借地関係が消滅し、貸主に返還されることとなっています。

　このため、財産評価基本通達では、契約期間の残存年数に応じた定期借地権の評価方法が定められています。

　旧借地法、現借地借家法上ともに、借主が建物などの所有を目的とした場合に適用されます。

　今回の事例では、借主である運送会社は、車を置くことが主たる目的であると考えられるので、建物の所有を目的とした賃貸借契約ではないため借地権には該当しません。

　したがって貸宅地として評価することは困難です。

3　貸し付けられている雑種地の評価

　建物の建築部分ではなく、駐車場部分（アスファルト敷などの構築物）の敷地として貸していることなどから、財産評価基本通達86「貸し付け

られている雑種地」として評価することになるでしょう。

具体的には、雑種地の自用地価額から、賃借権の価額を控除した金額によって評価することとなります。

このときの賃借権は、下記の2種類に分けられます。

(1) 地上権に準ずる権利として評価することが相当と認められる賃借権の一例
　　・賃借権の登記がされているもの
　　・設定の対価として権利金その他の一時金の授受のあるもの
　　・堅固な構築物の所有を目的とするものなど
(2) (1)に該当する賃借権以外の賃借権

今回の事例は、(2)に該当しますので、次の方法により算定したいずれか低いほうの価額が、当該土地の評価額となります。

　①雑種地の価額（自用地評価額）－（雑種地の価額×残存期間に応じる相続税法第23条に規定する地上権の割合×2分の1）
　②雑種地の価額 －（1－残存期間に応じる下表に掲げる割合）

4　雑種地の賃借権

今回の事例は貸し付けられている雑種地の評価に該当するものと考えられます。

地上権に準ずる権利として評価することが相当と認められる賃借権の例としては、車庫や駐車場などの施設を駐車場の借主の費用で造ることを認めるような契約や、自動車教習所の敷地としての利用を目的とする契約などが挙げられます。

評価方法としては、その土地の自用地としての価額から、賃借権の価額を控除した金額によって評価することがなります。具体的な計算方法

は別記の財産評価通達86(1)イに、「契約期間の残存期間に応じた割合を控除した額」で評価することが掲げられています。

例えば、残存期間が17年の場合は、自用地としての評価額の80％で評価(20％の賃借権を控除)することにより計算します。

5　自動更新された賃借権等

ところが、今回の事例のように、「契約期間が満了」しているが、当初契約に「従前の契約内容により自動更新」と記されている契約の場合はどうなるでしょうか？

当初の契約期間が終了し、自動更新(法定更新)された場合、その後の契約は期間の定めのない契約となります。期間の定めのない契約は、いつでも解約の申入れをすることができることになっています。

契約期間を定めて、契約をし直した場合は、新たに賃借権の設定となることから前述3同様、残存期間に応じ5〜20％の賃借権を控除することとなります。

しかし、自動更新の場合は、期間の定めのない契約となり、評価に際しては、賃借権を2.5％(5％×1/2。財産評価基本通達86のイ参照)として計算することとなります。

このように、賃借権の評価を行う場合は、賃貸借契約書の確認とその内容の精査が必要となります。

財産評価基本通達86
(貸し付けられている雑種地の評価)

　賃借権、地上権等の目的となっている雑種地の評価は、次に掲げる区分に従い、それぞれ次に掲げるところによる。(昭41直資3－19・平3課評2－4外・平6課評2－2外改正)

(1) 賃借権の目的となっている雑種地の価額は、原則として、82≪雑種地の評価≫から84≪鉄軌道用地の評価≫までの定めにより評価した雑種地の価額(以下、この節において「自用地としての価額」という)から、87≪賃借権の評価≫の定めにより評価したその賃借権の価額を控除した金額によって評価する。

　　ただし、その賃借権の価額が、次に掲げる賃借権の区分に従いそれぞれ次に掲げる金額を下回る場合には、その雑種地の自用地としての価額から次に掲げる金額を控除した金額によって評価する。

　イ　地上権に準ずる権利として評価することが相当と認められる賃借権(例えば、賃借権の登記がされているもの、設定の対価として権利金その他の一時金の授受のあるもの、堅固な構築物の所有を目的とするものなどがこれに該当する)

　　　その雑種地の自用地としての価額に、その賃借権の残存期間に応じ次に掲げる割合を乗じて計算した金額

　　(イ)　残存期間が5年以下のもの　　　　　　100分の5
　　(ロ)　残存期間が5年を超え10年以下のもの　100分の10
　　(ハ)　残存期間が10年を超え15年以下のもの 100分の15
　　(ニ)　残存期間が15年を超えるもの　　　　 100分の20

　ロ　イに該当する賃借権以外の賃借権

　　　その雑種地の自用地としての価額に、その賃借権の残存期間に応じイに掲げる割合の2分の1に相当する割合を乗じて計算した金額

出展　https://www.nta.go.jp/　　http://www.kfs.go.jp//

【相続税法】
第23条（地上権及び永小作権の評価）
　地上権（借地借家法（平成3年法律第90号）に規定する借地権又は民法第269条の2第1項（地下又は空間を目的とする地上権）の地上権に該当するものを除く。以下同じ。）及び永小作権の価額は、その残存期間に応じ、その目的となつている土地のこれらの権利を取得した時におけるこれらの権利が設定されていない場合の時価に、次に定める割合を乗じて算出した金額による。

残存期間が10年以下のもの　　　　　　　　100分の5
残存期間が10年を超え15年以下のもの　　100分の10
残存期間が15年を超え20年以下のもの　　100分の20
残存期間が20年を超え25年以下のもの　　100分の30
残存期間が25年を超え30年以下のもの及び地上権で存続期間の定めの
　ないもの　100分の40
残存期間が30年を超え35年以下のもの　　100分の50
残存期間が35年を超え40年以下のもの　　100分の60
残存期間が40年を超え45年以下のもの　　100分の70
残存期間が45年を超え50年以下のもの　　100分の80
残存期間が50年を超えるもの　　　　　　　100分の90

20 アパートや貸家の敷地の評価
～アパートの駐車場は誰が使っている？～

西田君と祐子ちゃんが相続税申告の依頼に来られた方と話をしています。

長　男：父の相続税の申告をお願いしたいのですが。
　　　　今日は、固定資産税の通知とその他、不動産に関係しそうな書類を持ってきました。

西　田：固定資産税の通知に「共同住宅」と書かれた建物があります。
　　　　お父さんは、アパートをお持ちのようですね。

長　男：そうなんですよ。
　　　　なんでも、ハウスメーカーの方に相続税対策になるからと勧められたらしくて、10年ほど前に建てたものです。

祐　子：相続税対策として空き地等に賃貸物件を建てることで、土地の評価が20％前後下がります。
　　　　また、建物の固定資産税評価額は、実際の建築代金よりも40％～60％前後低くなるのが一般的です。

西　田：更に貸家として賃貸することで、居住者に権利が発生し、その分相続税評価額が減額されます。
　　　　建築代金の30％～40％の評価額になるのが一般的でしょうか。

長　男：それはよかった！
　　　　父が僕たちのために相続税対策をしてくれてたのかぁ。

西　田：ところで、アパートの賃貸借契約書はありますか？

長　男	：この前、遺品を整理していたら出てきたので持参しました。
西　田	：あれ？　契約書が２種類ありますね。
祐　子	：アパートの契約書と貸し駐車場の契約書のようですね。 駐車場はアパートの入居者専用でしょうか？
長　男	：駐車場は、アパートの人以外に近所の人にも貸しています。 それに、駐車場代は払っていませんが、私も１台分使っています。
祐　子	：アパートの入居者は、部屋と駐車場が別々の契約のようですね。
長　男	：そのようです。 父と不動産管理業者との間で契約などの管理をしていたので、詳しいことは分かりません。 ただ、入居者のほとんどが車を持っていて、駐車場を借りてくれているようですが、車を持っていない入居者もいます。 駐車スペースが空いていては勿体ないので、アパートを建てたときから、近所の方への貸し駐車場部分があったようです。
西　田	：アパートの入居者以外の方へ貸している部分と、ご長男が使われている部分は、貸家建付地としての評価ができない可能性が高いです。
長　男	：えっ、大部分が入居者用なのに？ 私が使っている部分は分かるのですが…。 賃貸駐車場として、賃料をもらっているという意味では入居者も近所の人も同じ条件なのに、評価は違うのですか？！？

解説

　同じ賃貸借契約でも、貸家建付地評価の対象となる契約とならない契約があります。

一般の方はもちろんですが、税理士でも評価が難しいところとなります。

1　貸家建付地評価できる駐車場部分

　貸家建付地や貸家の評価は、財産評価基本通達に基づいて計算することとなりますが、一般的に貸し駐車場は自用地評価（100％評価）、アパートの敷地は貸家建付地評価（自用地評価の概ね80％前後）になります。

　しかしながら、駐車場がアパートと同じ敷地内にあり、駐車場部分のすべてがアパートの入居者専用の駐車場であれば、アパートの賃貸（入居）割合に応じて駐車場部分を含め貸家建付地として評価することとなります。

　今回のケースは、駐車場がアパートの入居者専用ではなく、外部の方へ貸している部分があり、また、長男が無償使用している部分が混在しています。

　長男が使用している部分については賃料も発生していないことから、親子間での使用貸借であり自用地評価となることは、一般の方も理解しやすく、また評価計算においても面積での按分等により算出できます。

　しかし、賃貸駐車場部分に空きがあった場合、アパート居住者部分の駐車スペースの空き（貸家建付地評価部分）であるのか、近隣居住者等への貸し駐車場部分の空き（自用地評価部分）であるのか判定が難しくなります。

　上記のように、アパートや貸家の駐車場部分の評価は、使用者（賃借人）によって貸家建付地評価できる場合と、自用地評価すべき場合があります。

　相続（税）対策などを目的（貸家建付地の評価減）にアパート建築（賃貸）を行う場合は、駐車場部分の利用（賃貸）をどのようにすべきかに注意が必要となります。

2　賃貸アパートの一時的空室部分の評価

　アパートの建物（貸家）とその敷地（貸家建付地）の評価は上記の内容や財産評価基本通達により算出することとなり、その計算式の中の「賃貸割合」（同通達26(2)や注1参照）を乗じて算出することとなっています。

　相続税申告における財産評価は「相続開始日における評価」をすることが大原則となり、相続開始日における賃貸（入居）割合の計算上、相続開始日における空室部分は賃貸部分に入れることはできません。

　例外的な扱いとして、同通達26の注2には「継続的に賃貸されていた各独立部分で、課税時期において、一時的に賃貸されていなかったと認められるもの」という記載があります。一時的な空室の場合は賃貸部分に入れても構わない、と読めます。

　では、「一時的」とは、どのくらいの期間を言うのでしょうか？

　国税庁HPに「貸家建付地等の評価における一時的な空室の範囲」という質疑応答事例があります。

　その【回答要旨】の説明2の中に「④空室の期間が課税時期の前後の例えば1か月程度であるなど一時的な期間であったかどうか」という文言があります。

　アパートの入居者が退室し、1か月以内に次の入居者が決まるというのは、個人的な感覚としては短すぎる気がします。

　入居者の退去後にルームクリーニングや内装の補修など、1か月程度の維持管理期間が必要な場合がほとんどです。

　また、大家さんである賃貸人が亡くなったタイミングと、この入退去が重なった場合には、その相続の遺産分割も終わっていない場合もあり、誰が「賃貸借契約書」のサインをするのかなどの問題も生じます。

　では、この「1か月程度であるなど一時的な期間」とは、どのくらいまでの拡大解釈ができるのでしょうか？

大阪地裁 (H28.10.26) で別記の判決がありました。この内容をかなりコンパクトにまとめると「一時的な空室部分を賃貸部分に入れることは例外的扱いである。5か月もかかっている場合は、むしろ長期と考えられ一時的空室部分に該当しない。」と表現されています。

最高裁判決ではなく、また個別事例としての側面もあることから、一概には言えませんが一時的＝短期というのであれば、中期という概念も存在します。

空室期間が1か月はOK (質疑応答)、5か月は長期 (大阪地裁) とされるなら、3か月くらいが中期となるのでしょうか？

財産評価基本通達（抜粋）
26（貸家建付地の評価）

貸家（94《借家権の評価》に定める借家権の目的となっている家屋をいう。以下同じ）の敷地の用に供されている宅地（以下「貸家建付地」という）の価額は、次の算式により計算した価額によって評価する。

> その宅地の自用地としての価額 － その宅地の自用地としての価額 × 借地権割合 × 94《借家権の評価》に定める借家権割合 × 賃貸割合

この算式における「借地権割合」及び「賃貸割合」は、それぞれ次による。

(1) 「借地権割合」は、27《借地権の評価》の定めによるその宅地に係る借地権割合（同項のただし書に定める地域にある宅地については100分の20とする。次項において同じ）による。

(2) 「賃貸割合」は、その貸家に係る各独立部分（構造上区分された数個の部分の各部分をいう。以下同じ）がある場合に、その各独立部分の賃貸の状況に基づいて、次の算式により計算した割合による。

$$\frac{\text{Aのうち課税時期において賃貸されている各独立部分の床面積の合計}}{\text{当該家屋の各独立部分の床面積の合計(A)}}$$

(注)1　上記算式の「各独立部分」とは、建物の構成部分である隔壁、扉、階層（天井及び床）等によって他の部分と完全に遮断されている部分で、独立した出入口を有するなど独立して賃貸その他の用に供することができるものをいう。したがって、例えば、ふすま、障子又はベニヤ板等の堅固でないものによって仕切られている部分及び階層で区分されていても、独立した出入口を有しない部分は「各独立部分」には該当しない。なお、外部に接する出入口を有しない部分であっても、共同で使用すべき廊下、階段、エレベーター等の共用部分のみを通って外部と出入りすることができる構造となっているものは、上記の「独立した出入口を有するもの」に該当する。

2　上記算式の「賃貸されている各独立部分」には、継続的に賃貸されていた各独立部分で、課税時期において、一時的に賃貸されていなかったと認められるものを含むこととして差し支えない。

93（貸家の評価）

貸家の価額は、次の算式により計算した価額によって評価する。

$$\left\{\begin{array}{l}\text{89《家屋の評価》、89-2《文}\\\text{化財建造物である家屋の評}\\\text{価》又は前項の定めにより評}\\\text{価したその家屋の価額(A)}\end{array}\right\} - A \times \left\{\begin{array}{l}\text{94《借家権}\\\text{の評価》に}\\\text{定める借}\\\text{家権割合}\end{array}\right\} \times \left\{\begin{array}{l}\text{26《貸家建付地の}\\\text{評価》の(2)の定}\\\text{めによるその家屋}\\\text{に係る賃貸割合}\end{array}\right\}$$

94（借家権の評価）

借家権の価額は、次の算式により計算した価額によって評価する。ただし、この権利が権利金等の名称をもって取引される慣行のない地域にあるものについては、評価しない。

$$\frac{\text{89《家屋の評価》、89-2《文化財建造物である家屋の評価》又は92《附属設備等の評価》の定めにより評価したその借家権の目的となっている家屋の価額} \times 借地権割合 \times 賃貸割合}{}$$

　上記算式における「借家権割合」及び「賃借割合」は、それぞれ次による。
　(1)「借家権割合」は、国税局長の定める割合による。
　(2)「賃借割合」は、次の算式により計算した割合による。

$$\frac{A のうち賃借している各独立部分の床面積の合計}{当該家屋の各独立部分の床面積の合計(A)}$$

国税庁　質疑応答事例
〈貸家建付地等の評価における一時的な空室の範囲〉

　課税時期において、アパートの一部に借家人がいることから、貸家及び貸家建付地として評価します。
　貸家及び貸家建付地の価額は、それぞれ次の算式により評価します。この場合において、賃貸割合は、原則として、課税時期において実際に賃貸されている部分の床面積に基づいて算定しますが、一時的に空室となっている部分の床面積を実際に賃貸されている部分の床面積に加えて算定して差し支えありません。

$$貸家の価額 = 自用の家屋の価額 - 自用の家屋の価額 \times 借家権割合 \times 賃貸割合$$

$$賃貸建付地の価額 = 自用地としての価額 - 自用地としての価額 \times 借地権割合 \times 借家権割合 \times 賃貸割合$$

(説明)
1 取扱いの概要
　借家権の目的となっている家屋は貸家として、その貸家の敷地の用に供されている宅地は貸家建付地として評価することとなり、それらの価額は、上記の算式により評価します。
　これら算式における「賃貸割合」は、その貸家が構造上区分された数個の部分(各独立部分)からなっている場合において、次の算式により算定します。

$$賃貸割合 \times \frac{Aのうち課税時期において賃貸されている各独立部分の床面積の合計(B)}{その貸家の各独立部分の床面積の合計(A)}$$

　この割合の算定に当たって、継続的に賃貸されてきたもので、課税時期において、一時的に賃貸されていなかったと認められる各独立部分がある場合には、その各独立部分の床面積を、賃貸されている各独立部分の床面積(B)に加えて賃貸割合を計算して差し支えありません。
2 「継続的に賃貸されてきたもので、課税時期において、一時的に賃貸されていなかったと認められる」部分の範囲
　アパート等の一部に空室がある場合の一時的な空室部分が、「継続的に賃貸されてきたもので、課税時期において、一時的に賃貸されていなかったと認められる」部分に該当するかどうかは、その部分が、①各独立部分が課税時期前に継続的に賃貸されてきたものかどうか、②賃借人の退去後速やかに新たな賃借人の募集が行われたかどうか、③空室の期間、他の用途に供されていないかどうか、④空室の期間が課税時期の前後の例えば1か月程度であるなど一時的な期間であったかどうか、⑤課税時期後の賃貸が一時的なものではないかどうかなどの事実関係から総合的に判断します。

出展　http://www.nta.go.jp/shiraberu/zeiho-kaishaku/shitsugi/hyoka/04/12.htm

〈大阪地裁判決　H28.10.26　判決　事実及び理由の要旨〉
1．構造上区分された複数の独立部分からなる家屋の一部が課税時期に賃貸されていない場合において、賃貸されていなかった各独立部分が財産評価基本通達26（注）2にいう「継続的に賃貸されていた各独立部分で、課税時期において、一時的に賃貸されていなかったと認められるもの」に当たるためには、上記各独立部分の賃貸借契約が課税時期前に終了したものの引き続き賃貸される具体的な見込みが客観的に存在し、現に賃貸借契約終了から近接した時期に新たな賃貸借契約が締結されたなど、課税時期前後の賃貸状況等に照らし実質的にみて課税時期に賃貸されていたと同視し得ることを要する。
2．構造上区分された複数の独立部分からなる家屋の一部が課税時期に賃貸されていない場合において、賃貸されていなかった各独立部分が賃貸されていない期間が最も短い場合でも5か月であることなど判示の事情の下では、上記各独立部分は、財産評価基本通達26（注）2にいう「継続的に賃貸されていた各独立部分で、課税時期において、一時的に賃貸されていなかったと認められるもの」に当たらない。

21 有料老人ホームの入居者
～入居一時金って返ってくるの？～

西　田：所長、相続税申告書の作成が概ね完成したので決裁をお願いします。

所　長：どれどれ。
　　　　おっ、相続財産に不動産がないけど、計算し忘れてるのかな？

西　田：違いますよ。
　　　　被相続人は、不動産をお持ちでなかったんですよ。

祐　子：奥様が先に亡くなられてお独りになられたそうです。
　　　　そのことをきっかけに、数年前に住んでいた自宅を売却され、有料老人ホームに入居されたようです。
　　　　相続人は息子さんお一人なので、遺産分割などの手続きも必要なく、遺産争いの恐れもありません。

西　田：借入金はないし、不動産がないので現地調査も不動産の評価作業もなし、財産は、預貯金だけ。
　　　　申告書を作るのが、こんなに簡単な案件は初めてです！

所　長：なるほど。決裁に持ってくるのに、こんなご機嫌な西田君を見るのも初めてだね。

西　田：計算間違いや評価間違いがないので、所長に叱られることもないですよねぇ。

所　長：ところで、有料老人ホームへの入居時の契約書などは確認したのかい？

祐　子：入居時の契約書ですか？

西　田：相続税の申告に何か関係あるんですか？

解説

　有料老人ホームへの入居の際には、名称はまちまちですが、入居金(入居一時金)を支払うケースがあります。

　入居後の一定期間の居住費の前払い的な位置づけであったり、施設の利用権的な位置づけであったりするようです。

　施設によっては入居一時金が0円という場合もありますが、高級な有料老人ホームの場合は入居一時金が数千万円となる施設もあります。

　入居後一定期間で償却され、償却前に退去や死亡した場合などには一定額が返還されることとなりますが、初期償却といわれる、入居時に一定の割合を償却する制度があり、入居と同時に80％や100％の償却がされ、事実上、返却される金額がない場合があり、トラブルが頻繁に発生していました。

　平成23年に老人福祉法が改正(平成24年4月1日施行)され「有料老人ホームの設置者は、家賃、敷金及び介護等その他の日常生活上必要な便宜の供与の対価として受領する費用を除くほか、権利金その他の金品を受領してはならない」(老人福祉法第29条第6項、別記参照)となりましたが、既存の施設には3年間の経過措置により、実際には平成27年3月31日までは従前の通りとなっていたようです。

　さて、このような経緯はあるものの、権利金や入居一時金など名称は違えど、入居時に施設に支払ったうちの一部が、相続開始後に返還となる場合があります。

　賃貸アパートの入居時の敷金等の返還と同様に考えると分かり易いかもしれません。

　また、入居者が施設に一定額を預け、施設内での買い物や支払い、急

な出費や通院治療費などに充てる場合があります。

　概ね数万円から10万円程度の場合がありますが、施設によっては、数十万円となる場合もあるようです。

　入居者が退去する場合や死亡した場合には、清算され返金されることとなりますが、その原資の出どころや清算金の性格によっては、相続財産(預け金)として計上すべき場合があるので注意が必要です。

　また、相続税の申告業務において「有料老人ホーム」と聞いて思い浮かぶのが、「小規模宅地等(特定居住用宅地等)の特例」を適用できるか？という問題です。

　ホームに入所し、自宅が空き家となっていた場合に空き家の家屋とその敷地を「居住用」とみることができるのか否かがポイントになります。

　終の棲家として高級有料老人ホームに入所していた場合は、その施設を住居と考えるのが自然ですので、空き家の家屋は「居住用」の要件を満たさず、特例の適用は困難であると思われます。

　一方、特別養護老人ホームのような施設は、要介護認定を受けた場合には入所が認められ、仮に要介護状態から回復した際には自宅に戻ります。

　このようなケースは、一時的にホームに入所しているに過ぎないと考えられ、空き家となっている家屋が自宅となり、特例を適用することができます。

老人ホームへの入所により空家となっていた建物の敷地についての小規模宅地等の特例
(平成26年1月1日以後に相続又は遺贈により取得する場合の取扱い)

【照会要旨】
　被相続人は、介護保険法に規定する要介護認定を受け、居住していた建物を離れて特別養護老人ホーム(老人福祉法第20条の5)に入所しましたが、一度も退所することなく亡くなりました。
　被相続人が特別養護老人ホームへの入所前まで居住していた建物は、相続の開始の直前まで空き家となっていましたが、この建物の敷地は、相続の開始の直前において被相続人の居住の用に供されていた宅地等に該当しますか。

【回答要旨】
　照会のケースにおける、被相続人が所有していた建物の敷地は、相続の開始の直前において被相続人の居住の用に供されていた宅地等に該当することになります。

(理由)
　平成25年度の税制改正において、相続の開始の直前において被相続人の居住の用に供されていなかった宅地等の場合であっても、①被相続人が、相続の開始の直前において介護保険法等に規定する要介護認定等を受けていたこと及び②その被相続人が老人福祉法等に規定する特別養護老人ホーム等(以下「老人ホーム等」といいます)に入居又は入所(以下「入居等」といいます)していたことという要件を満たすときには、その被相続人により老人ホーム等に入居等をする直前まで居住の用に供されていた宅地等(その被相続人の特別養護老人ホーム等に入居等後に、事業の用又は新たに被相続人等(被相続人又はその被相続人と生計を一にしていた親族をいいます。以下同じです)以外の者の居住の用に供さ

れている場合を除きます）については、被相続人等の居住の用に供されていた宅地等に当たることとされました。

なお、この改正後の規定は、平成26年1月1日以後に相続又は遺贈により取得する場合について適用されます。

（注） 被相続人が介護保険法等に規定する要介護認定等を受けていたかどうかは、その被相続人が相続の開始の直前において要介護認定等を受けていたかにより判定します。

したがって、老人ホーム等に入居等をする時点において要介護認定等を受けていない場合であっても、その被相続人が相続の開始の直前において要介護認定等を受けていれば、老人ホーム等に入居等をする直前まで被相続人の居住の用に供されていた建物の敷地は、相続の開始の直前においてその被相続人の居住の用に供されていた宅地等に該当することになります。

【関係法令通達】
租税特別措置法第69条の4第1項
租税特別措置法施行令第40条の2第2項、第3項
租税特別措置法通達69の4-7の2

（国税庁HP質疑応答事例より抜粋）

老人福祉法
第29条第6項
　有料老人ホームの設置者は、家賃、敷金及び介護等その他の日常生活上必要な便宜の供与の対価として受領する費用を除くほか、権利金その他の金品を受領してはならない。

22 相続税の申告期限っていつ？
～相続開始後10か月じゃなかった？～

西　田：所長、相続税の件に関して相談があります。
所　長：どんな相談かな？
西　田：もう少し相続人の方に、確認しなければならないことがあるのですが、相続税額は概ね計算できました。
祐　子：先日、奥様には概略をお伝えしたのですが…。
　　　　長男は、海外出張中で、次回帰国されるのは相続税の申告期限の3日後になるそうで、申告書や遺産分割協議書への署名・捺印が間に合いそうにありません。
西　田：二男は、被相続人が亡くなってからの10か月後までに納税が難しいと言っています。
　　　　あと2週間ほど時間があれば、なんとかなるそうです。
所　長：それは困ったね。
　　　　ところで、長男はいつから海外へ行っているんだい？
西　田：もう、だいぶ前からのようです。
　　　　1年近く前からのようで「親父の死に目に間に合わなかった」と言っていたそうです。
　　　　ご葬儀にも間に合わず、一時帰国できたのも、被相続人が亡くなってから3か月ほど後で、お墓にお参りしてすぐに、また海外へ行かれたそうです。
祐　子：発展途上国でのお仕事のようで、電話回線が不安定な場所もあり、なかなか連絡が取れなくて困りました。
　　　　「毎日移動のある仕事だから、明日はどこにいるか分からな

|所　長|：|二男の納税が間に合わないのには理由があるのかい？|
い。連絡ができるときに国際電話するから待っていて」と言われてました。

所　長：二男の納税が間に合わないのには理由があるのかい？

西　田：実は…。
以前、被相続人と大喧嘩をしたことがあったようで、それ以来ご家族の誰とも音信不通になっていたようです。

祐　子：被相続人が危篤状態になって、居場所を探したようですが、すぐにはわからず、奥様が二男の学生時代の友人などに連絡をとり、やっと居場所が分かったようです。
それが最近のことで、奥様も数年ぶりに二男の方に会えたと言ってました。

西　田：ご自分の蓄えで相続税の納税を予定されているようですが、定期預金か国債か何かにされているようで、満期日が２週間後となっていると言っていました。

所　長：そうなると、二男は、お父さんが亡くなったことを知ったのは最近なのかい？

祐　子：１月ほど前に、奥様が「やっと二男の居場所が分かったが、電話番号は分からなかった。友人に聞いた住所を直接訪ねて、会いに行ってくる」と言っていました。

所　長：もしかして、長男が、お父さんが亡くなったことを知ったのは…。

西　田：海外で毎日移動していたこともあり、「亡くなったことを知らせることができたのは１週間ほど後になった」と言っていました。

所　長：なるほど。それが証明できれば、なんとかなりそうだね。

22 相続税の申告期限っていつ？　169

> 解説

　それぞれのご家庭には、本当に色々な事情や歴史があり、我々は「相続に関連する仕事」に携わっているからこそ、垣間見える出来事がたくさんあります。

　中には今回の事例のように「相続人が行方不明」という場合があります。

　行方不明者のことを法律用語では「不在者(民法第25条)」といいます。

　遺産分割に際し、相続人の中に、この「不在者」がいる場合、家庭裁判所に失踪宣告の請求(民法第30条)をしなければならない場合があります。

　通常の失踪の場合は「不在者の生死が7年間明らかでないとき」は失踪宣告がされ、その期間(生死が分からなくなって7年)が経ったときに死亡したものとみなすこととなります(民法第31条第1項)。

　今回の二男のケースは、結果的に連絡も取れたことから行方不明者(不在者)としての事例ではなく、疎遠になっていた期間が長かった事例となります。

　ところで相続税の申告書の提出期限は、一般的に「相続開始から10か月後」と表現することが多いですが、相続税法第27条には「(前略)その相続の開始があったことを知った日の翌日から10月以内(中略)に申告書を納税地の所轄税務署長に提出しなければならない」とあります。

　相続税の申告期限をより正確に言うと「亡くなった日から10か月」ではなく「相続の開始があったことを知った日の翌日から10か月後」が申告と納税の期限となります。

　今回のケースでは、長男が「相続の開始があったことを知った日」は、相続が開始してから1週間ほど後であり、二男においては、被相続人が亡くなった数か月後となります。

長男、二男の相続税の申告期限は、それぞれが「相続の開始があったことを知ってから10か月後」となります。
　このため、一般的な相続人であっても、国内出張などで連絡が取れず、被相続人の亡くなったことを知った日が3日後であれば、相続税の申告期限は「相続開始から10か月と3日後」となります。

> **国税庁**
> **タックスアンサーNo.4205**
> 1　相続税の申告は被相続人が死亡したことを知った日の翌日から10か月以内に行うことになっています。
> 　例えば、1月6日に死亡した場合にはその年の11月6日が申告期限になります。
> 　なお、この期限が土曜日、日曜日、祝日などに当たるときは、これらの日の翌日が期限となります。申告期限までに申告をしなかった場合や、実際に取得した財産の額より少ない額で申告をした場合には、本来の税金のほかに加算税や延滞税がかかる場合がありますのでご注意ください。
> 　相続税の申告書の提出先は、被相続人の死亡の時における住所が日本国内にある場合は、被相続人の住所地を所轄する税務署です。財産を取得した人の住所地を所轄する税務署ではありません。
> 2　相続税の納税は、上記の申告期限までに行うことになっています。
> 　納税は税務署だけでなく金融機関や郵便局の窓口でもできます。
> 　申告期限までに申告しても、税金を期限までに納めなかったときは利息にあたる延滞税がかかる場合がありますのでご注意ください。
> 　税金は金銭で一度に納めるのが原則ですが、相続税については、特別な納税方法として延納と物納制度があります。
> 　延納は何年かに分けて納めるもので、物納は相続などで取得した財産そのもので納めるものです。

なお、この延納、物納を希望する方は、申告書の提出期限までに税務署に申請書などを提出して許可を受ける必要があります。

≪実務面での注意事項≫

　前述のように、「被相続人が亡くなったことを知った日」が、「相続が開始した日」ではない方がいます。

　この場合、「相続開始の当日知った方」と「相続開始の当日以外に知った方」の相続税の申告書の提出期限は異なることとなります。

　相続が発生した場合、我々が扱う一般的なケースにおいても、「その当日以外に知った方」は、珍しくありません。

　このタイムラグが数日程度であれば、また申告の準備や手続きなどが相続開始の10か月後に間に合えば実務上、影響が出ない場合が大半ですが、書類の準備や手続きに猶予がない場合や納税資金の確保に日数を必要とする場合などは、このタイムラグ分の申告期限を後ろ倒しにすることが有効となります。

　残念ながら、近年「独居者の孤独死」が報道されることが増えてきています。

　この場合、亡くなられた方の正確な死亡日が不明なため、司法解剖その他により戸籍等には「推定平成○年○月○日死亡」のように記載されます。

　相続税の申告期限等は、前述の通り、相続人等が相続の開始があったことを知った日が関係してきますので、相続人等が、亡くなってから数日もしくは数週間経った後に被相続人宅を訪れ、孤独死されていることを発見した場合は、この発見した日が「相続開始を知った日」となります。

相続税の申告書の書式には「相続開始日年月日」の記載場所はありますが、「相続税の申告期限」などを記載する欄は用意されていません。

また、「※申告期限延長日」の記載場所がありますが、これは税務署が処理上使用する欄であって、前述の申告期限を記載するための欄ではありません。

このため、申告期限が、亡くなった日の10か月後ではなく、「その相続人等が相続の開始を知った日」がいつであるのかを、申告書の書式以外により税務署に説明を行う必要があります。

参考として、これらの説明を行う際の「税理士法第33条の2　添付書面」の記載例を別記しました。

【民法】

第25条（不在者の財産の管理）
　従来の住所又は居所を去った者（以下「不在者」という。）
　《後略》

第30条（失踪の宣告）
　不在者の生死が7年間明らかでないときは、家庭裁判所は、利害関係人の請求により、失踪の宣告をすることができる。
２　戦地に臨んだ者、沈没した船舶の中に在った者その他死亡の原因となるべき危難に遭遇した者の生死が、それぞれ、戦争が止んだ後、船舶が沈没した後又はその他の危難が去った後1年間明らかでないときも、前項と同様とする。

第31条（失踪の宣告の効力）
　前条第1項の規定により失踪の宣告を受けた者は同項の期間が満了した時に、同条第2項の規定により失踪の宣告を受けた者はその危難が去った時に、死亡したものとみなす。

【相続税法】
第27条（相続税の申告書）

　相続又は遺贈（当該相続に係る被相続人からの贈与により取得した財産で第21条の9第3項の規定の適用を受けるものに係る贈与を含む。以下この条において同じ）により財産を取得した者及び当該被相続人に係る相続時精算課税適用者は、当該被相続人からこれらの事由により財産を取得したすべての者に係る相続税の課税価格（第19条の規定の適用がある場合には、同条の規定により相続税の課税価格とみなされた金額）の合計額がその遺産に係る基礎控除額を超える場合において、その者に係る相続税の課税価格（第19条又は第21条の14から第21条の18までの規定の適用がある場合には、これらの規定により相続税の課税価格とみなされた金額）に係る第15条から第19条まで、第19条の3から第20条の2まで及び第21条の14から第21条の18までの規定による相続税額があるときは、その相続の開始があつたことを知った日の翌日から10月以内（その者が国税通則法第117条第2項（納税管理人）の規定による納税管理人の届出をしないで当該期間内にこの法律の施行地に住所及び居所を有しないこととなるときは、当該住所及び居所を有しないこととなる日まで）に課税価格、相続税額その他財務省令で定める事項を記載した申告書を納税地の所轄税務署長に提出しなければならない。

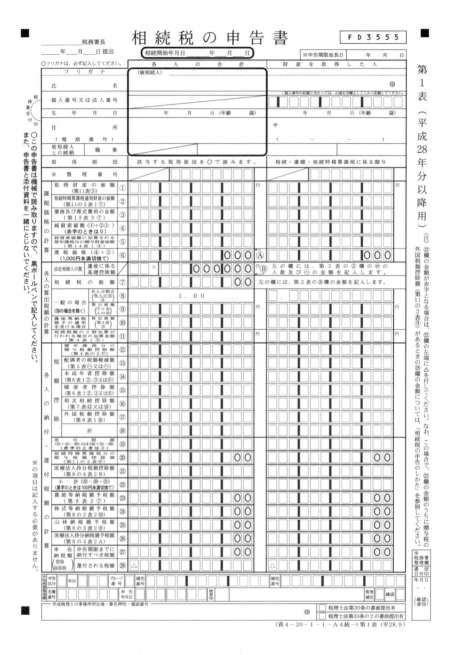

税理士法第33条の2　添付書面の記載例

1　相続人が海外出張中などの場合（延納申請あり）

当該相続に関し、相続人は妻、長男、長女の3名である。

妻と長女に関しては、入院中の甲病院の病室で被相続人の他界を看取ることができたが、長男は海外出張中であり、相続開始直後に連絡が取れなかった。

相続開始の約1月後の〇月〇日、国際電話にてようやく被相続人が亡くなったことを伝えることができた。

上記により、長男においては、相続開始があったことを知った日は〇月〇日であり、相続税の申告期限は×月×日となる。

本日、妻と長女分の相続税申告と延納申請を提出するが、長男分の同申告と延納申請に関しては、前述の期限×月×日までに行う予定である。

なお、長男が相続開始日を知ったことの説明資料として、妻の携帯電話の通話履歴の写し（該当部分以外は黒塗り）を添付した。

2　親族以外が受遺者となり、遺言書の存在を知らなかった場合など

被相続人は生涯独身であり、法定相続人はいない。

被相続人は「全ての財産を知人の子Aに遺贈する。遺言執行者に税理士Bを指定する。」旨の公正証書遺言を遺していた。

遺言執行者であるBは、当該受遺者Aを不知であり、また、その受遺者の所在が不明であった。このため、被相続人の友人・知人等を通じて、Aの住所らしきものを知ることができたのは約6か月後となった。

〇月〇日、Bは新幹線にて〇〇市に出向き、A宅と思われる場所を訪問し、その居住者がAであることを確認するとともに、遺言書の開示を行った。

このため、Aが自らが受遺者となることを知った日は□月□日であり、相続税の申告期限は×月×日となる。

なお、上記の資料として、遺言執行者Bが〇月〇日に乗車した新幹線

の切符の写しを添付する。

3　独居者が自宅で死亡していた場合など

被相続人は住所地において独居していた。

1月前後、連絡がなかったことを心配した長男が、△月△日被相続人宅を訪れたところ、自宅居間で被相続人が死亡しているのを発見し、救急や警察等に連絡をした。

後日の司法解剖などにより、被相続人の死亡日は平成〇年〇月〇日頃と推定され、死亡診断書、戸籍謄本には「推定平成〇年〇月〇日死亡」と記載されている。

相続税の申告書第1表の上部「相続開始年月日」欄には、前述の死亡推定日を記載しているが、相続人が被相続人の死亡を知った日は、△月△日であることから、相続税の申告期限は□月□日となる。

前述の出来事は新聞やインターネットで報道されることとなってしまった。その記事の写しを添付する。

23 もっと早く聞いておけばよかった①
～相続人に未成年者がいた！～

西　田：しょ、所長。
　　　　すいません。やらかしちゃいました。

所　長：どうしたんだい？

西　田：相続税の申告の依頼を受けていた案件なんですが、
　　　　もっと早く聞いておけばよかったんですが…。
　　　　忘れていたというか、気づかなかったというか…。
　　　　いや、とにかくスイマセン。

所　長：西田君、まずは落ち着きなさい。
　　　　その説明では、何が起こっているか、よく分からないよ。

西　田：相続財産の目録作成や財産評価は概ね終わったんです。
　　　　それで、財産目録を相続人の方にお見せして、相続人全員で
　　　　遺産分割協議を始めてもらうようにお伝えしました。

所　長：被相続人と相続人の方の関係は？

西　田：若くして夫が亡くなりました。
　　　　相続人は、配偶者である妻と長男、二男の計3名です。

所　長：申告期限までは、あとどのくらいの期間があるのかね？

西　田：10月の下旬が期限ですので、残り2か月を切っている案件
　　　　です。
　　　　相続人の関係は良好で、「我が家は遺産の分割で揉めたりし
　　　　ませんよ」と聞いていたので、油断があったのかもしれませ
　　　　んが…。
　　　　相続人の中の1名が19歳で未成年だったんです。

	たしか未成年者がいては、遺産分割が進められないですよね。
所　長	：そうか。それは困ったな。
	少し難しい説明をすれば、民法では、「未成年者は、原則として制限行為能力者」とされ、法律行為をする際の権利能力が制限されている。
	今回のケースを簡単な言葉で説明すれば、「未成年者は遺産分割という法律行為ができない」ことになるね。
西　田	：なるほど、所長が「未成年者がいるときの相続は気をつけろ」と言っていたのは民法から来ていたのですね。
所　長	：ところで、その未成年の相続人は結婚しているのかい？
西　田	：いえ、独身です。結婚はされていません。
	でも、結婚しているかどうかは、今回のケースに関係ないのではないですか？
所　長	：実は、少し関係があるんだ。
西　田	：？？？？

解説

1　未成年者に関する法律面からの解説

(1) 未成年者とは

　現在の法律では「20歳未満の者」が未成年者となり（民法第4条）、今回のケースでは被相続人の子（二男）は19歳の未成年者となっています。

　また、未成年者においては、「原則として法律行為をするには、その法定代理人の同意を得なければならない」（民法第5条第1項本文）とされています。

　遺産分割は、当然「法律行為」ですから、未成年者が行う遺産分割には、親権者の同意が必要となります。

(2) 成年擬制

文中で、この二男が結婚（婚姻）しているか否かの話題が出ていました。

民法第753条に「未成年者が婚姻をしたときは、これによって成年に達したものとみなす」という婚姻による成年擬制の規定があります。

これにより、遺産分割協議以前に二男が婚姻していた場合は、19歳であっても成年者とみなして（成年擬制して）、自らの意思で法律行為をすることができるようになります。

今回のケースで、相続人である二男は婚姻していないので成年擬制されず、通常の未成年者となります。

(3) 利益相反行為

このため、遺産分割協議は、親権者である母の同意があれば進めることができそうに見えます。

ところが、夫（父）の相続に関して妻（母）と二男は、相続人という同じ立場を持つことになります。

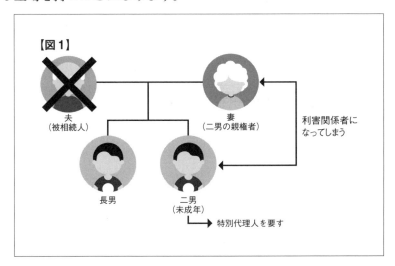

【図1】

妻は夫の相続人という立場と二男の親権者（母）という2つの立場で

遺産分割を行うこととなり、この2つの立場は「利害が相反する立場」となってしまいます。

(4) 特別代理人の選任

このような場合を「利益相反行為」といい、今回のケースにおいては、遺産分割に関して、二男には「特別代理人」を選任する必要が出てきます(民法第826条)。

家庭裁判所に対して「特別代理人の選任の申立て」という手続きが必要となります。

特別代理人の選任が必要なケースの一例を下記に記します。

①夫が死亡し、妻と未成年者で遺産分割協議をするケース
②複数の未成年者の法定代理人として遺産分割協議をするケース
③親権者の債務の担保のため未成年者の所有する不動産に抵当権を設定するケース
④相続人である母(又は父)が未成年者についてのみ相続放棄の申述をするケース
⑤同一の親権に服する未成年者の一部の者だけ相続放棄の申述をするケース

2　未成年者に関する実務面からの解説

当所でも「相続人等に未成年者がいる案件」に対応するケースがあります。

受任の直後の早い段階に「未成年者はいらっしゃいますか？」と質問をしていれば、又は戸籍謄本等を入手した際に、生年月日の確認と満年齢の計算を怠らなければ、西田君のようなミスはせず、「未成年者がいる場合」の早めの対応ができます。

未成年者がいる場合の法律的な手続きについては前述の通りですが、

当所で過去に行った実務上の対応の一例を紹介します。
(1) 相続税の申告期限における未成年者の年齢が概ね満19歳以下などの場合

「相続税の申告期限における」未成年者が18歳やそれ以下の場合は、前述の「特別代理人の選任申立て」の手続きを行います。

①誰を特別代理人にすべきか？

家庭裁判所への申立ての際には「特別代理人候補者」を記載します。

特別代理人になる方に資格などは特に必要ありませんが、未成年者の利益を保護するために選ばれるので、特別代理人としての職務を適切に行えることが必要となります。

過去の対応案件は、未成年者の祖父母や叔父叔母などの近親者の中から適任の方にお願いするケースが一般的です。

②家庭裁判所への申立ての手続き

家庭裁判所への申立てに関しては、「相続人自身」が行うか、又は「弁護士・司法書士」の資格者が行うこととなります。

申立書を提出してから、1〜2か月ほどで家庭裁判所より「特別代理人選任の審判書」が届きます。

これにより、正式に特別代理人が決まることになります。

③特別代理人を交えての遺産分割協議

未成年者である二男の特別代理人と、その他の相続人との間で遺産分割協議を行います。

遺産分割がまとまった際には、遺産分割協議書を作成します。

④相続税申告書の作成

③で作成された遺産分割の内容に応じて相続税の申告書を作成します。

二男に関する氏名等を記載する箇所には二男の氏名に「特別代理人〇〇〇」を併記し、押印は特別代理人が行うこととなります。

申告に際しては、特別代理人の選任の審判書のコピーなどを添付します。

(2) 相続税の申告期限における未成年者の年齢が概ね満19歳超などの場合

相続人に未成年者がいる場合は、前述の通り特別代理人に関する手続きが必要となります。

相続税の申告期限は相続開始から10か月と、決して時間的に余裕があるわけではありません。

その中で、家庭裁判所への特別代理人の申立てから審判までの1～2か月程度という期間は、相続税の申告までのタイムスケジュールのうち、大きなウエイトを占めることとなってしまいます。

また、手続きもそれなりに煩雑であり、処々の費用もかかります。

特別代理人が近親者であっても、法定相続人以外の方が相続財産の内容の全貌を知ってしまうということは、必ずしも良いことばかりでない場合があります。

そこで、次のような対応をした事例がありました。

①未成年者が成年に達するのを待つ

「相続税の申告期限」における、未成年者の年齢が概ね19歳超の場合は、次の手順により当初申告を作成しました。

ⅰ）相続人全員に、前述の「特別代理人の選任」等に関する法律的な説明や手続きの手順をしっかり説明し、その内容を理解してもらう。

ⅱ）その上で、申告期限後とはなってしまうが、未成年者が成年となり、自ら法的な判断が行えるようになることを説明する。

ⅲ）申告期限内に、未分割案件として、法定相続分による税額の算出をし、申告書を作成する。
　　　未成年者の氏名欄等には、二男の氏名と「親権者〇〇〇」と母の氏名を併記し母が親権者として押印を行う。
　ⅳ）上記により、当初申告を行う。
②納税について
　①の当初申告は、未分割となっていることから、一般的には「小規模宅地等の特例」や「配偶者の税額軽減」などの適用がなく、遺産分割後の税額に比べ、高めに納税額が算出されていることとなります。
　当初申告書に記載された納税額を納税することが原則になりますが、相続人の方々に、必ずしも資金的な余力があるとは限りません。
　このようなケースは例外的ではありますが、下記のような対応を検討する必要があります。
　ⅰ）遺産分割が了した場合に、予想される分割案と、それに応じた小規模宅地などの特例を適用した場合の相続税の試算を行う。
　ⅱ）これにより算出された各人の相続税額を納付する。
　ⅲ）当初申告で各人に算出された金額とⅱ）で納税した金額には開差があることから、その差額分については、税務署から督促状が発せられる。
　ⅳ）督促状が届いた場合には、税務署の徴収部門に上記の経緯の説明を行い、差押さえなどの滞納処分とならないよう理解を求める。
　ⅴ）未成年者が成年に達した後、できる限り速やかに遺産分割を

了し、申告の是正(更正の請求)を行う。
- vi) ii)による試算に基づく納税額がv)の申告是正による納税額より少なく計算されていた場合には、その差額は、速やかに納税する。

このような対応は例外的ではありますが、未分割であることを理由に納税がされないと、延滞税がかかるばかりでなく、滞納処分への移行が懸念されます。遺産分割完了後の予測納税額の納税が行えれば、余分な延滞税はかかりません。

ただし、相続開始から未成年者が成年に達し、遺産分割を行えるようになるまでの期間が短く、また、その遺産分割に関して相続人間で争いなどが起きないことなどが前提であり、また、相続人が、この対応方法に関して、しっかり理解をされた場合にのみの選択肢の一つとなる緊急避難的対応です。

余談となりますが、当初申告書に記載された納税額を全額納付することが原則で、特例として条件が整うようであれば延納申請を行うことが納税の基本であることを付け加えておきます。

【民法】
第4条(成年)
年齢20歳をもって、成年とする。

第5条(未成年者の法律行為)
　未成年者が法律行為をするには、その法定代理人の同意を得なければならない。ただし、単に権利を得、又は義務を免れる法律行為については、この限りでない。
2　前項の規定に反する法律行為は、取り消すことができる。
3　第1項の規定にかかわらず、法定代理人が目的を定めて処分を許し

た財産は、その目的の範囲内において、未成年者が自由に処分することができる。目的を定めないで処分を許した財産を処分するときも、同様とする。

第753条(婚姻による成年擬制)
　未成年者が婚姻をしたときは、これによって成年に達したものとみなす。

第826条(利益相反行為)
　親権を行う父又は母とその子との利益が相反する行為については、親権を行う者は、その子のために特別代理人を選任することを家庭裁判所に請求しなければならない。
2　親権を行う者が数人の子に対して親権を行う場合において、その一人と他の子との利益が相反する行為については、親権を行う者は、その一方のために特別代理人を選任することを家庭裁判所に請求しなければならない。

特別代理人選任申立書の記載例

申立書を提出する裁判所（未成年者の住所地の家庭裁判所）
作成年月日

受付印

特別代理人選任申立書

（この欄に収入印紙800円分を貼ってください。）

印紙

（貼った印紙に押印しないでください。）

| 収入印紙 | 円 |
| 予納郵便切手 | 円 |

準口頭　関連事件番号　平成　年（家）第　　　　号

| | ○○家庭裁判所 御中 平成 ○年 ○月 ○日 | 申立人の記名押印 | 甲野花子　印 |

平日の日中に連絡のつく番号を記入してください（携帯電話でも構いません）。

裁判所から連絡がとれるように正確に記入してください。

添付書類　（同じ書類は1通で足ります。審理のために必要な場合は、追加書類の提出をお願いすることがあります。）
☑ 未成年者の戸籍謄本（全部事項証明書）　　☑ 親権者又は未成年後見人の戸籍謄本（全部事項証明書）
☑ 特別代理人候補者の住民票又は戸籍附票　　☑ 利益相反に関する資料（遺産分割協議書案、契約書案等）
☐ （利害関係人からの申立ての場合）利害関係を証する資料
☐

申立人

住所	〒○○○-○○○○　　電話　○○（○○○○）○○○○ ○○県○○市○○町○丁目○番○号○○アパート○号　　（　　方）
フリガナ 氏名	コウノ ハナコ 甲野 花子	大正 昭和 平成 ○年○月○日生 （○○歳）	職業	なし
フリガナ 氏名		大正 昭和 平成　年　月　日生 （　　歳）	職業	
※未成年者との関係	1 父母　　2 父　　③ 母　　4 後見人　　5 利害関係人

未成年者

本籍 (国籍)	○○都道府県　○○市○○町○番地
住所	〒　　-　　　　電話　　（　　） 申立人の住所と同じ　　（　　方）
フリガナ 氏名	コウノ ジロウ 甲野 次郎	平成 ○年 ○月 ○日生 （○○歳）
職業又は在校名	○○中学校

（注）太枠の中だけ記入してください。　※の部分は、当てはまる番号を○で囲んでください。

23 もっと早く聞いておけばよかった…①

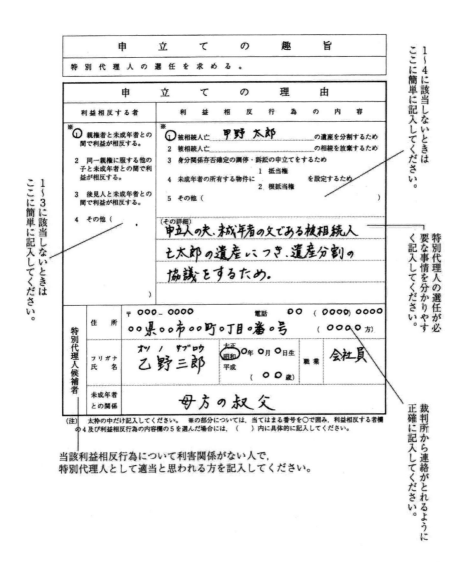

（裁判所HPより）

24 もっと早く聞いておけばよかった②
～うちのじいちゃんは社長だったの？ 見落としがちな会社への貸付金～

相続税の相談に来所した2名の相続人と西田君が事務所で話をしています。

長　女：先日亡くなった、じいちゃんの相続税の相談をしたいのです。

西　田：亡くなられたのはお父様ですね。

長　女：はい。家族はみんな「じいちゃん」って呼んでいました。

祐　子：お仕事は何をされていたんですか？

長　女：定年まで会社勤めをしていました。

二　女：定年退職してからは、年金生活というんですか、特に職に就いたりせず「悠々自適」な毎日を送っていました。

西　田：今日お持ちいただいた資料を拝見していいでしょうか？

長　女：通帳などを持ってこようと準備して紙袋に入れておいたのですが…。
　　　　出がけに慌てちゃって…。

二　女：姉はしっかりしているようで、そそっかしくて…。
　　　　遺品整理をしていた紙袋を間違って持ってきちゃって、肝心な通帳や固定資産税の通知が入っている紙袋を置いてきちゃったようなんです。

長　女：すいません。明日改めてお届けしますから…。

西　田：僕も、かなりそそっかしいので、よく分かります。
　　　　ところで、今日お持ちになった遺品というのは、どのようなものでしょうか？

長　女：手帳など、父が生前使用していたものになります。
　　　　父は几帳面なところがあって、手帳を日記代わりに使っていたようで、毎日、手帳に色々書いていたようなんです。

二　女：父の思い出として納屋にでもしまっておこうかと思って整理していたんですよ。

祐　子：もし、差し支えなかったら、拝見できますか？

長　女：いいですよ。どうぞ。

祐　子：？？？

西　田：どうしたの？

祐　子：お父様は、定年後は特にお仕事をされていなかったとお聞きしましたが。

長　女：はい。持病があったので通院していたこともあり、週に２～３回は日中出かけていましたが、それ以外は、家で庭いじりしていました。

祐　子：亡くなる１月ほど前までの手帳のところどころに、「会社」とか「打ち合わせ」などの予定が書き込まれています。

長　女：ああっ、それは知り合いだか、友達だかの会社のことだと思います。
　　　　「たまに相談にのってあげたりしているんだよ。」と言っていました。

西　田：手帳の裏表紙に名刺が挟まってるようだけど。

祐　子：名刺には「株式会社オハナ　代表取締役社長　佐々木　太郎」となっています。

二　女：「佐々木　太郎」って、じいちゃんの名前ね？！
　　　　えっ？　じいちゃんって社長だったの？

長　女：そんなわけないじゃない。一緒に暮らしていた私が知らないのに。
　　　　遊びか、悪ふざけで名刺だけ作ったんじゃないの？

祐　子：インターネットで商業登記簿が確認できるので見てみましょう。

西　田：お父さんの名前は、登記簿上も、その会社の代表者になっているようですね。

長　女：えええええっ！？！

解説

今回のように、家族が知らないところで、法人の役員になっていたり、個人で事業をしていたというケースに時々遭遇します。

過去にあった実例では、

- 知り合いなどに会社の経営の相談を受けているうちに、懇願されて断り切れず、取締役に就任
- 経験を活かし、友人などと会社を設立し、小規模ながら事業を行っていた
- 主宰法人の代表者であったが、友人に頼まれて複数の会社の取締役や代表に就任していた
- 役員などには就任していないが、出資をし、株主となっていた
- 役員や株主にはなっていないが、相当な額の支援(貸付)をしていた
- 友人の会社の取締役に妻や子の名前を勝手に使っていた

などがありました。

相続税上の問題としては、株や出資の持ち分に評価額が算出されなければ、結果的に相続税額に影響はありません。

しかし、家族に内緒で会社の役員などに就任してしまっている方は「人がいい」というのか「面倒見がいい」というのか、大抵の場合、役員報酬さえもらわず、手弁当でその事業に関わるケースがほとんどです。

無報酬どころか、人の好さが度を越して、預貯金を取り崩してまで、その会社の赤字補填をしているようなケースもあります。

法人側の経理処理としては「役員借入金」となりますが、相続税の側面からは、被相続人の「貸付債権」や「貸付金」として財産計上の必要が出てきます。

いわゆる家業や家族が周知の主宰法人への貸付金であればまだしも、今回のようなケースは、家族にとっては、まさに青天の霹靂となり、驚くとともに納税額の負担が増えることとなります。

相続税の税務調査で、税務署員が被相続人宅を訪問し、相続人等から相続財産の確認などを行うことを「実地調査における臨宅調査」と呼びます。

臨宅調査の際は、預金通帳などの現物調査や不動産の現地調査がメインとなります。そのなかでも、被相続人の日記帳や手帳など、本人が自筆で書き留めたものの発見や確認が重要な調査のヒントとなったり、証拠となったりする場面が少なくありません。

今回のように、生前の被相続人の行動パターンの詳細が記載されていたり、隠し預金やへそくりの保管（隠し）場所が書かれているケースがあります。

几帳面な方の場合は、毎年の手帳に「今年の財産状況」などと題して、預金の口座番号と残高や保有している上場株式の持ち株数や時価など、どんな財産をいくら保有し、総額がいくらになるのかを毎年書き続けている方がいます。

相続税の税務調査の現場では、この「被相続人が自分のために、書き留めていたメモ」などを入手し、それをきっかけに課税漏れ財産の把握を試みています。

通常の相続税案件などで、我々民間人である会計事務所が「家族でさえ知りえない」ことに触れることは難しいこととなります。

しかし、相談に来られた方へのヒアリングや原資料の確認を、注意深く行うことで、気が付くことができます。

家族が知らない事実などに出くわした場合は、事実確認とその相続税評価には相当の時間を費やすこととなります。

今回、西田君と祐子ちゃんは、相続人の方のうっかりミスを切っ掛けに、被相続人の手帳などの資料に早い段階で接する機会ができました。

国税庁タックスアンサー
No.4105 相続税がかかる財産
1 相続税がかかる財産
 相続税は原則として、死亡した人の財産を相続や遺贈（死因贈与を含みます）によって取得した場合に、その取得した財産にかかります。この場合の財産とは、現金、預貯金、有価証券、宝石、土地、家屋などのほか貸付金、特許権、著作権など金銭に見積もることができる経済的価値のあるすべてのものをいいます。

25 もっと早く聞いておけばよかった③
～過去に実体験・実感した様々な事例～

西　田：所長、先日の未成年者がいる案件では、手順を間違えてご迷惑をおかけしました。

所　長：おっ、どうしたんだい？
西田君にしては、ずいぶん殊勝な態度だね。

祐　子：所長、西田さんをからかわないであげてください。
今回は、珍しく猛省しているようなんですよ。

西　田：祐子ちゃんこそからかわないでよ。
珍しく…はひどいよ。
いつも本当に反省してるんだから。
でも、今回はもっと、しっかり対応しないと、依頼者に迷惑かけちゃうところでした。

所　長：そうだね。依頼者は、我々を信頼して仕事を頼んでくださっているのに、迷惑をかけるわけにはいかないね。

西　田：そこで、お願いがあるのですが…。
相続案件などで、もっと早い段階で確認しておかなければならないことなどがあったら、改めて教えてほしいのです。

所　長：依頼者に「もっと早く聞いておけばよかった事柄」ってことかい？

祐　子：いつも、所長に教えていただいてるのは分かっているのですが、私も改めて教えていただけないかと思って、西田さんと一緒にお願いに来ました。

所　長：そうか、それではこの機会におさらいを兼ねて再度説明をしよう。

解説

　私の事務所では、税理士法人と行政書士法人を併設していることから、依頼の案件は「相続税案件」であったり「相続案件」であったりします。

　当初「相続税案件」として依頼を受けた案件が、結果として相続税の基礎控除を大きく下回る財産額であるなど「税」に関係しないケースもあれば、その逆に、依頼者は「税」に関係ないと思い相談に来られても、結果的に相続税の申告が必要になるケースもあります。

　「相続税案件」と「相続案件」では、現場での対応などは相違する部分もありますが、相続財産などに関する詳細を相続人から、しっかりヒアリングしないと、どちらの案件かその答が出ない場合が大部分です。

　相続財産の一覧（財産目録）を作成することは、どのような場合でも必要となります。

　この財産目録の作成や相続財産の評価など、通常の業務フローでの注意事項は別項などに譲るとして、相続関連事案全般として、相続人へ早期にヒアリングしておく必要のある事項は多岐にわたります。

　相続人の方は、我々専門家に聞かれれば答えてくれますが、反面、こちらが触れなかったことに関しては、後々になって「聞かれなかったので必要ないと思って、敢えて話しませんでした」という場合があります。

　また、「身内の恥」のように感じている内容については「積極的に自らは話しにくい」と感じている場合であったり、「問題なければ最後まで話さないで終わらせたい」と感じられている場合もあります。

　相続手続きにおいては、
　・ヒアリングし漏れる可能性のある項目
　・早めにヒアリングし、対応や準備や別途作業が必要となる項目
　・レアケースであるため、ヒアリングの対象から外れてしまう項目
など、注意が必要な事項とその理由や対応策などを簡記してみました。

【準確定申告を含む被相続人に関する事項】

Q1 被相続人に関し、準確定申告書の提出の必要はないか？

A1 準確定申告書は、原則、相続開始から4か月以内の提出となっています。

年金の源泉徴収票や控除証明など、通常は確定申告時期までに送付されてくる書類がありますが、準確定申告においては、相続人等が、各関係機関に連絡をしないと入手できないものがあります。

Q2 被相続人は、遺言書を遺していないか？

A2 公正証書遺言が残されていた場合は不要ですが、自筆遺言などの場合は、家庭裁判所の検認手続きが必要となります。

検認に必要な期間は1～2週間程度となる場合が多いようです。

検認後に相続人への開示などの手続きを行う必要があることから、自筆遺言書が発見された場合は、遅滞なく家庭裁判所での検認を行う必要があります。

【被相続人・相続人に関する事項】

Q3 相続人に未成年者はいないか？

A3 23【もっと早く聞いておけばよかった①相続人に未成年者】を参照

Q4 相続人に成年被後見人となっている人はいないか？
また、その後見人は相続人ではないか？

A4 相続人に成年被後見人がいる場合で、今回の相続に関する相続人がその者の成年後見人になっている場合があります。

この場合、遺産分割に関して「利益相反」となることから、家庭

裁判所へ「特別代理人の選任申立て」が必要となります。

Q5 相続人に認知症などにより判断能力が低下している者はいないか？

A5 成年後見制度による成年後見人や保佐人、補助人の選任申立てが必要となります。
この後見人・保佐人・補助人に、今回の相続に関する相続人が選任される場合は、遺産分割に関しては「利益相反」となることから、家庭裁判所へ「特別代理人の選任申立て」等が必要となります。
また、その相続人が任意後見制度により、過去に後見契約等を行っている場合は、後見監督人の選任申立てをすることとなります。
Ｑ４・５は 5【相続人の判断能力の確認】も参照

Q6 相続人の中に失踪している者はいないか？

A6 2【戸籍調査は手を抜いちゃダメ】を参照

Q7 相続人の中に、過去から疎遠になっているなどの理由から、相続が開始したことを知らない人はいないか？

A7 22【相続税の申告期限っていつ？】を参照

Q8 相続人全員は印鑑登録をしているか？

A8 公正証書遺言によるケースや相続人が１名の場合などを除き、大多数の案件では、遺産分割協議書を作成することとなります。
相続人の中には、過去に必要に迫られたことがないという理由で、印鑑登録を行っていない方がいます。
印鑑登録がなければ、「市区町村の窓口に本人が出向いて登録す

ればすぐできる」と安易に考えがちですが、相続人の中には仕事のスケジュールで平日の日中に市区町村の窓口に出向けない方、入院中や施設に入所している方、高齢で足腰が弱っている方や寝たきり状態の方など、すぐには市区町村の窓口に行けない方もいらっしゃいます。また、住民登録をしている市区町村へ赴かなければいけませんので、住民票を移さずにいる方は更に手間がかかることになります。

Q9 相続人はマイナンバーカードの取得は終わっているか？
取得していない場合マイナンバーの通知書は保存されているか？

A9 2016年1月からマイナンバーの利用が開始しました。
これにより、相続税の申告に際しては、マイナンバー（個人番号）に関して書類の添付や提示が必要となっています。
相続人の中には、マイナンバーカードの受領をしていない方、マイナンバーカードや通知カードを紛失してしまっている方もいます。
印鑑登録の項と同様、すぐに再発行などの手続きができない方もいます。
また、マイナンバー法において、その収集を行う際には「利用目的等の明示」の必要があります。
相続税の申告を目的として収集した後、別途準確定申告に際しても相続人のマイナンバーが必要なケースも想定されます。

Q10 被相続人に関連する家族信託制度の利用はないか？

A10 家族信託の制度については **6**【家族信託（その1）ベーシック】で紹介していますが、家族（民事）信託に関する受益権の評価は、その

信託財産の内容で評価方法が異なる場合があります。

また、相続税の申告依頼を受けた税理士が、家族信託についてあまり知識や経験がない場合には、その制度の理解や実情の把握に時間を要してしまう場合もあります。

信託契約の内容によっては、その受益権を相続する方が信託の受託者であった場合の対処など、注意すべき事項が少なくありません。

【農地の納税猶予に関する事項】

Q11 相続財産に農地がある場合に、農地の納税猶予を受ける予定があるか？

また、農業相続人となる可能性のある者が農業相続人の要件を満たすことができているか？

A11 28【農地等の納税猶予①】を参照

Q12 被相続人の親の代等の相続で、農地の納税猶予を受けていないか？

A12 先代の相続等で農地の納税猶予を受けていた場合、すでに納税猶予から20年等の年月を経て納税猶予の免除の時期が来ている場合があります。

この場合、原則として税務署から免除手続きの案内があり、納税猶予適用地に付されていた抵当権の抹消が行われていることとなります。

しかし、免除までの期間の間に今回の相続が発生した場合は、納税猶予に関する抵当権が残ったままとなってしまうケースがあります。

この場合は、相続税の申告を行った税務署に「相続税の納税猶予免除届出」を提出する必要があります。

【生前贈与等の確認】

Q13 過去に被相続人からの生前贈与(暦年課税)はないか？
被相続人を贈与者とする相続時精算課税制度の利用はないか？

A13 相続税には、いわゆる「3年以内の贈与加算」(相法19)の規定があり、相続財産にこの3年以内加算を行って相続税を算出することとなります。

相続や遺贈で財産を引き継ぐ方は、全員がこの対象となります。生前贈与があったことを忘れている者、他の相続人との関係上、生前贈与について話したくない者、110万円の基礎控除以下のため贈与税の対象とならないことなどから、説明が必要ないと誤認している者など、様々なケースが想定されます。

また、相続時精算課税制度の適用がある場合は、制度の趣旨上当然に相続税の申告書への計上が必要となります(相続税法第21条の9ほか)が、相続時精算課税制度の利用による贈与は、金額が高額となることが多く、計上漏れとなると相続税額への影響が大きいことから細心の注意が必要です。

相続税法第49条第1項に「贈与税の申告内容の開示請求」について規定があり、相続税の申告や更正の請求をしようとする者を対象として開示請求手続きが行えます。

相続人が失念している贈与税申告書が提出されている場合を想定し、この開示請求を行うことを検討する案件もあります。

同法第49条第2項には「前項の請求があった場合には、税務署長は、当該請求をした者に対し、当該請求後二月以内に同項の開

示をしなければならない」とあることから、請求から開示まで、最大2か月を要する点に注意が必要です。

【相続財産などに関する事項】

Q14 被相続人の相続財産に賃貸アパートや駐車場などの収益物件がある場合、その物件を相続する人は概ね決まっていないか？

A14 相続案件に関し、生前の被相続人から「あの不動産は○○、あの不動産は△△が引き継ぎなさい」といった口頭での遺志表示があり、相続人間で既定の事実のように分割案の一部が決まっている場合があります。

このようなケースで、相続財産である不動産の中に収益物件がある場合は、その財産を引き継ぐ相続人の方は、今後の所得税の確定申告が必要となります。

所得税の確定申告に先立って、青色申告承認申請手続きの説明が必要となりますが、相続によりその事業を承継した場合の青色申告承認申請の期限は、原則、相続後4か月となっています。

相続税の申告スケジュールに合わせて遺産分割その他の手続き等を行っていると、この青色申告承認申請の期限をあっという間に過ぎてしまい、その年の相続人の確定申告において青色申告特別控除等が受けられなくなってしまいます。

前述のように、相続人間に争いがないなど、一定の条件をクリアしている必要はありますが、各不動産の行先（相続する人）が被相続人の口頭での意思表示などで、事実上、決まっているような場合は不動産に関する遺産分割を先行（相続財産の一部分割）し、収益物件の承継者の青色申告承認申請期限に間に合うような配慮が必要となります。

Q 15 相続財産には、いわゆる生産緑地がないか？
A 15 30【生産緑地 2022年問題】を参照

Q 16 被相続人の先代などの相続の際に遺産分割が行われていないなど、名義変更が終っていない財産はないか？
A 16 例えば、先代の不動産の名義が、事実上、長男である被相続人が相続しているにもかかわらず、被相続人の名義に変更されていないということは少なくありません。

この場合、被相続人の名寄帳等に載っていない可能性があり、更に被相続人が住んでいた土地であったとしても、実際には誰の財産であるのか不確定な存在となってしまいます。

また、未分割の扱いとなりますので、各種特例が適用できないことも大問題です。

家督相続制度以前の相続でしたら、嫡出長男子による単独相続が原則なので、この場合被相続人の財産となりますが、家督相続制度が廃止された後の相続については、遺産分割協議書を作成し、すべての相続人の押印が必要となります。この場合、相続人の確定から行わなければならず、手続きは非常に煩雑となり、時間も費用もかかってしまいます。

不動産の名義変更については、先延ばしにしないことを原則として、万が一、先代名義の財産が見つかった場合は、早い段階で名義変更に着手するように勧めています。

Q 17 不動産の境界に関し隣接地主と揉めている場所はないか？
A 17 このような場合は、「土地の現状」、「利用状況」などが、登記さ

れている面積や固定資産税の課税面積とは一致していない場合があります。

隣接地主と揉めている事自体が相続税評価へ直接的に影響するとは限りませんが、相手の言い分が正当であり、被相続人側の誤認である場合には、揉めている内容に相続税評価に反映させるべき事柄が含まれる可能性もあります。

Q18 被相続人に大きな借金等がないか？

A18 銀行などからの借入金については相続人が把握できるケースが多いですが、友人や知人からの借入れや消費者金融等からの借金は、相続人が把握しづらく、相続が発生して初めて判明するというパターンが多いようです。

相続税の計算でいえば、借金は債務なので財産から控除することができますが、相続人がその借金を相続し、返済を行っていくことが前提となります。借金の返済は、相続人にとって、多大な負担となることは間違いないでしょう。

そんな場合は、「相続放棄」又は「限定承認」という手続きを選択することができます。相続放棄は読んで字のごとく、プラスの財産もマイナスの財産もすべて放棄するということです。限定承認はプラスの財産の範囲内に限定して、マイナスの財産を相続することができる方法となります。

どちらにしてもこの手続きは相続の開始を知った日から3カ月以内、つまり百か日前に行わなければならず、それまでにプラス・マイナスどちらの財産も把握しておかなければ、最善の選択ができないということとなります。

26 相続税の納税方法①物納
～昔は物納って簡単だったけどなぁ～

西　田：祐子ちゃん、ちょっといいかな？
祐　子：どうしたんですか？
西　田：今担当している相続税の案件で、相続人が「物納したい」って言いだしちゃって…。
　　　　物納申請、やったことないからちょっと困っちゃってるんだ。
祐　子：以前、所長のお手伝いをした案件で、物納の話が出たことがありましたけど、結局、物納はせずに、その土地を売却して納税資金に充てたと思います。
西　田：それじゃ、祐子ちゃんも実際には、物納案件に携わった経験なしかぁ。
祐　子：残念ながらそうですね…。所長に聞いてみるしかなさそうですね。

解説

1　物納制度の概略と現状

相続税は相続開始後10か月の納税期限までに原則、金銭で一括納付することとなっていますが、
　①金銭で一括納付することが困難な範囲で
　②延納によっても金銭で納付が困難な場合に
　③その納付を困難とする金額を限度として
　④一定の相続財産により金銭ではなく「物（相続財産）」で納付する制

度です。

　私も税務署勤務時に「延納・物納」の担当をしたことがありますが、毎月のようにたくさんの物納申請が提出され、処理しても処理しても追いつかず、どんどん未処理件数が増えてしまった時期があったことを記憶しています。

　下記の【表1、2】で、その当時の状況が表されていると思います。

　平成18年度税制改正により物納に関する制度が改正されました。

　改正内容を大別すると、

　　①物納不適格財産の明確化等
　　②物納手続きの整備等
　　③物納申請の許可に係る審査期間の法定化

等が主な改正です。

　内容を簡記すると、物納不適格とする財産を明確化し、また、申請後の不足追加資料の提出の期間を短期化し、期限延長を厳格化したことなどにより、安易な物納申請や物納に不適格な財産の受入れを制約しました。

　その結果、【表1,2】に示される通り、改正のあった平成18年の前後で、物納申請とその処理件数が激減しています。

【表1】物納申請の処理件数(国税庁公表値。全国合計値)　　　(単位：件)

年度	申請	処理				処理未済
		許可	取りげ等	却下	小計	
平成5	10,446	6,684	3,642	3	10,329	13,615
平成10	7,076	4,546	1,832	20	6,398	11,152
平成15	4,775	4,545	1,687	28	6,260	8,217
平成18			改　　正			
平成20	698	704	149	27	880	677
平成25	167	132	38	29	199	80
平成28	140	114	25	36	175	53

出展：国税庁ＨＰ　報道発表資料からの抜粋

【表2】物納申請の処理金額（国税庁公表値。全国合計値）　（単位：億円）

年度	申請	処理				処理未済
		許可	取りげ等	却下	小計	
平成5	11,081	6,228	4,490	2	10,720	19,324
平成10	4,606	3,426	1,577	13	5,016	11,911
平成15	2,321	2,804	1,302	24	4,130	6,547
平成18		改　　　　正				
平成20	564	693	109	23	825	650
平成25	79	54	18	2	74	62
平成28	325	64	33	37	135	260

(注) 1億円未満の端数処理（四捨五入）をしたため、「処理」欄の小計の金額とその内訳の合計とは符合しない。
出展：国税庁HP　報道発表資料からの抜粋

2　物納制度改正に至る経緯（私見）

　前述の通り、私が税務署勤務時代に「延納・物納」の担当をしていたときのあくまでの個人的感覚ですが…。

　バブル期と呼ばれた時代までは「土地の値段は下がらない。土地は値上がりし続ける」という土地神話があり、少しでも長く持っていれば値上がりするものと誰もが思っていました。

　物納申請件数が多く、毎年未処理件数が増大する中、物納申請から許可までに2～3年の期間を要すのが当たり前の時代でした。

　このため、相続税の申告期限が迫ると納税者サイドとしては「とりあえず物納申請」を行い、物納許可までの数年間の時間稼ぎをしている間に相続した土地の値上がりを期待し、頃合いを図って高値で任意売却。その資金で相続税を一括納付し、物納を取り下げるというケースを多く見かけました。

　これにより、物納申請件数、取下げ件数が増大したように思います。【表1】の平成5年の数値がそのあたりを表しているものと思います。

　平成4、5年頃をピークに物納申請等の件数が減少していきますが、

それでも相当な件数の物納申請がありました。
　バブル崩壊により、土地の価額は下落し続けました。
　これにより前述のバブル期とは正反対に、相続後の時間が経てば経つほど土地の価額が下落していく事態となってしまいました。
　物納申請した財産は、原則、相続税の課税価額で収納（納付）することから、一般に売りづらい土地などは、物納してもらうほうが有利と感じるケースが出てきました。
　一般で売買が成立する地型の整った土地や権利関係がきれいな土地などは保有又は売却して換金化することを優先し、売りづらい土地や問題を抱えている土地は、物納に出されるという風潮が色濃くなったと感じていました。
　これらを解決するために平成18年に改正を行ったものと推測します。
　とはいえ、物納制度がなくなったわけでも、理由なく物納申請が却下されるようになったわけでもありません。
　申請案件と許可案件の年分等の相違はありますが、【表１】の平成５年の数値を単純計算すると申請10,446件に対し、同年分の許可件数は6,684件。申請件数に対する許可の割合は約64％となります。
　同じ計算を平成28年で行ってみると申請140件に対し許可114件となり約80％が物納許可となっています。
　この数値から、物納が単純に認められなくなったとは思えません。
　「物納申請が必要な案件において、適切に物納が許可されている」というと、国側の立場を尊重しすぎた言い方でしょうか…。

3 今後の物納について

上記1、2から物納に関する歴史的状況はお分かりいただけたと思います。これを踏まえて、今後発生する物納案件にはどのように対処する必要があるでしょうか？

(1) 申請の期限

物納申請に関する書類の提出期限は、

① 相続税の申告書の提出期限（一般に相続開始後10か月）の日までに物納申請書の提出

② 物納手続関係書類を①の期限までに提出

③ ②の書類が提出できない場合は「物納手続関係書類提出期限延長届出書」を提出することにより、1回につき3か月を限度として、最長で1年まで提出期限を延長できる

ことになっています。

①の物納申請書は申告期限までに提出しないと物納ができなくなるので注意が必要です。②の書類については③の延長届を提出することで最大1年間（相続開始日から1年10か月）提出を待ってもらえる、と読み取れます。これが納税者サイドにおける物納関係書類を整備し、提出ができる最長期間となります。

(2) 物納許可までの審査期間

(1)の相続開始から1年10か月の間に納税者からすべての物納関係書類が提出された場合、今度は税務署側が物納許可の審査を行う期間が始まります。

国税庁HPには「物納申請書が提出された場合、税務署長は、その物納申請に係る要件の調査結果に基づいて、物納申請期限から3か月以内に許可又は却下を行います。なお、申請財産の状況によっては、許可又は却下までの期間を最長で9か月まで延長する場合がありま

す」と記載されています。

　申請期限から3か月＋最大延長9か月ですから、税務署サイドの処理期間は最大12か月となります。

(3) 物納手続きが完了するまで

　(1)に記載の納税者側の準備期間（相続開始から1年10か月）に(2)の税務署側の処理期間の12か月を足すと、相続開始後最大2年10か月後には、物納申請から許可までのすべてが終わるということになります。

(4) 相続が起きた際に確実に物納を行うためには…

　上記により、相続開始後1年10か月以内に、物納する財産が物納の条件を満たすように準備しておくことにより、「確実な物納」が行えると思われます。

　違う見方をすれば、「どのような財産が物納とならないのか」を理解することが物納許可への近道だと思います。

　国税庁HP等に物納に関する「管理処分不適格財産」というものが列挙されています。

　これによると「物納不適格財産」の代表例は、

　①担保権の設定がある財産

　②境界が不明確である財産

　③権利争いがある財産

　④道路がない土地

　⑤耐用年数が経過している建物

などとなっています。

　実務上よく遭遇する一般的な財産の中に財産が物納不適格となってしまう財産が多く含まれていることにお気づき頂けたかと思います。

　違う言い方をすると、「物納しなくても、一般に売りやすい不動産」

が物納に適していることになります。
　このあたりも、物納申請の件数が減っている理由の一つになっているものと想像できます。

　不適格財産の例示に「境界が明らかでない土地」というものがあります。
　文字通り、隣接地との境界が確定されていない土地です。
　通常、土地を売買する際には、土地の境界を明確にする必要があるのはご存知の通りですが、土地の境界を明確にするためには隣接地主との境界確認や境界確定が必要となります。
　隣接する土地の所有者の人数が少ない場合は比較的手続きも進み易いですが、隣接地主さん側にも相続が起きていた場合などで地権者が大人数となっている場合が珍しくありません。
　また、その土地が面している道路等の所有者である官公庁とも境界確定の必要があります。
　このため、土地の境界確定という作業は、簡単には進まない場合が多く、期間も長くかかり、費用が多額になるケースが少なくありません。

　物納するため、売却するため、引き続き所有するため…理由や事情はそれぞれですが、相続が起こる前に所有する土地の確定測量を行っておくことが望ましいと考えます。
　ましてや、「物納申請の可能性のある土地」が事前に分かっている場合には、すぐに手続きの開始をお勧めいたします。
　我が家の遺産分割も終わらないうちに、隣接の地主さんと立会いなどを行って、相続開始から1年と10か月の間に物納申請に必要な「境

界確定」を間に合わせるのは、かなりハードルが高いのが実情です。

【管理処分不適格財産】
（イ）担保権が設定されていることその他これに準ずる事情がある不動産
（ロ）権利の帰属について争いがある不動産
（ハ）境界が明らかでない土地
（ニ）隣接する不動産の所有者その他の者との争訟によらなければ通常の使用ができないと見込まれる不動産
（ホ）他の土地に囲まれて公道に通じない土地で民法第210条の規定による通行権の内容が明確でないもの
（ヘ）借地権の目的となっている土地で、その借地権を有する者が不明であることその他これに類する事情があるもの
（ト）他の不動産（他の不動産の上に存する権利を含みます）と社会通念上一体として利用されている不動産若しくは利用されるべき不動産又は二以上の者の共有に属する不動産
（チ）耐用年数（所得税法の規定に基づいて定められている耐用年数をいいます）を経過している建物（通常の使用ができるものを除きます）

27 相続税の納税方法②連帯納付義務
～妹の相続税まで払わなきゃいけないの？～

西　田：所長、相続税の申告手続きをしている案件なのですが…。
　　　　相続人の一人が相続税を払えないかもしれません。

所　長：まだ、申告書ができあがる前から、払えないことがはっきりしているのかい？

西　田：配偶者は先に亡くなっているので、今回の相続人は長男、長女、二女の兄妹3名なんですが…。
　　　　遺産分割でかなり揉めていまして…。
　　　　完全に交渉決裂状態です。

祐　子：私たちが作成した「財産目録」については3名とも同意いただいていますので、相続税の申告書の作成には問題ありません。

西　田：相続財産の大部分は不動産なのですが、預貯金などの流動資産もそれなりにあります。
　　　　遺産分割さえ終われば、全体としては相続税を納税するには十分な額があります。

所　長：遺産分割がまとまらない原因は？

祐　子：それぞれの方に、色々な想いがあるのは事実なのですが。

西　田：長女には、「不動産のすべてを相続したい」という強い想いがあるようで、決して譲らないんです。

祐　子：現在残っている不動産は、長女とご両親との間で、並々ならぬ思い出があるそうで…。
　　　　自分が相続して、ずっと思い出とともに所有していたいそう

です。

西　田：他の2名は、「不動産を全部相続したら、自分が負担する相続税が高額になりすぎて払えないだろ？」って説得したんですが、「相続税は相続財産の預貯金から払えばいい」と言って聞かないのです。

祐　子：結果的に、ほぼすべての財産を長女が受け取りたいと主張していることになります。

西　田：お二人とも不動産については両親の介護など身の回りのことをお世話してきたこともあり、長女が受け取ることに異論はないそうです。
　　　　ただ、すべてを相続したいと主張していることに納得がいかないそうです。
　　　　期限も迫ってきているので、相続人の方々に納税をどうするかも含めて説明や説得をしているのですが…。

所　長：なるほど。だいぶ拗れているみたいだね。
　　　　期限まで間がないことから、未分割案件として申告し、相続税を法定相続分に応じて納税することになりそうだね。
　　　　相続財産の預貯金は遺産分割が終わらないと出金できないから、相続税の納税資金としては使えない可能性が高いね。

西　田：長男と二女の方は、未分割申告となった場合の相続税の法定相続分相当額についての納税は、ご自身の蓄えで何とか払えるそうですが…。
　　　　長女は、蓄えがないので払えないと言っています。

祐　子：実は、最近分かったことなんですが、長女には相当な借金があるようです。
　　　　借金の理由は分かりませんが、長男宅に貸金業者から催促の電話が入ったそうです。

西　田：長女は、思い出とともにずっと所有していたいという言葉とは裏腹に、遺産分割が終わったら、すぐにでも不動産を売却

> して借金返済に回そうとしている気配もあるそうで、近所の不動産屋さんに売却額の質問をしてきたそうです。
> それで、心配した不動産屋さんが長男宅に連絡してきたとのことでした。
>
> 所　長：仮に裏があったとしても、相続した不動産を売却した額から、長女の借金を返済した残りで相続税の支払いに充てることはできないのかい？
>
> 祐　子：先日、兄妹が集まった際に、長男が長女にいくら借金があるのか問いただしたようですが、「私の個人的なことは兄さんには関係ない」、「遺産分割にも関係ない」って怒り出しちゃったそうです。
>
> 西　田：相続税には、「連帯納付義務」ってありますよね。
>
> 祐　子：長男は、必ずしも法定相続分を上回るものを要求するつもりはないが、長女がすべてを相続するということには同意できない、また、長女が相続税を払えなかったときに、その分を自分が負担するのはまっぴらだと仰っています。
>
> 西　田：その「連帯納付義務」って何とかならないのでしょうか？

解説

1　滞納した場合

相続税に限らず、税金には「納付期限」が定められています。

連帯納付義務について話す前に、納付期限に相続税を納付しなかった場合の一般的な手続きや流れを説明します。

(1) 督促(国税通則法第37条)

通知書の文面に「差押えします」の文言が入ってきます。

国税通則法第37条第2項に「その国税の納期限から50日以内に発するものとする」と発信の期限が定められていることから、一般的に

は、申告期限から1か月程度で納税者のもとに送付されます。

納税が遅れると、税務署から送られてくる最初の通知がこの督促状になります。

(2) 滞納処分(国税通則法第40条)

いわゆる「差押え」に代表される、税務署が税金の取立ての手続きを開始します。この手続きを「滞納処分」といいます。

国税通則法第40条には「督促状を発した日から起算して10日を経過した日までに完納されない場合(中略)滞納処分を行う」と書かれ、国税徴収法第47条には「滞納者が督促を受け、その督促に係る国税をその督促状を発した日から起算して10日を経過した日までに完納しないときは差押えをしなければならない」と書かれています。

要は、納税期限から最大50日以内に督促状が発せられ、そこから10日後、納税期限からだと60日後には「滞納処分」や「差押え」が始まることになります。

しかし、いきなり「差押え」という手続きが始まることは稀で、通常は税務職員が自宅等を訪問し、又は納税者が税務署に呼び出され、「払えない理由」や「いつであれば払えるか」などのヒアリングが行われます。

そのヒアリングに基づいて、半年程度の猶予期間と分割での支払いが認められる場合がほとんどで、約束通りに完納(完済)すれば差押え等はされません。

ただし、約束を守らなかった場合は差押え等の本格的な手続きが始まります。

差押えなどの滞納処分は、税金を滞納した本人のみに行われ、配偶者や子などの同居親族であっても、本人以外の者や本人以外の所有する財産などには原則として、行われません。

2 連帯納付義務

相続税法第34条に「連帯納付義務」が定められています。

前述の通り一般の税金を滞納した場合、滞納した本人にのみ滞納処分は行われますが、相続税にはこの「連帯納付義務」があります。

このため、今回の事例のように、長女が相続税を払わず(払えず)に滞納状態が続くと、相続税法第34条の連帯納付義務に基づき、長男や二女など、他の相続人が連帯して納付の義務を負うこととなります。

もちろん、税務署は、長男や二女(連帯納付義務者)に対して、滞納の経緯などについて、ヒアリングなどの機会を設けることが一般的です。

3 連帯納付義務への対応策や解決策はあるのか？

(1) 解決策

本文中の西田君が、「その『連帯納付義務』って何とかならないのでしょうか？」と言っていましたが、残念ながら「何ともなりません」。

本来の納税義務者である長女が全額納付することが、唯一の解決策となります。

連帯納付義務が発動してしまった場合には、長男や二女(連帯納付義務者)が長女(滞納者)に代わって連帯納付義務を果たすことになります。

もちろん、長女分の相続税を立替え払いしているのと同様ですので、長女に対しては返還請求権を有することにはなりますが、長女は個人的な資金がないようですので、結果的に遺産分割が完了するまでは返還されることはないでしょう。

(2) 対応策

法的には連帯納付義務がある以上、「何ともならない」のが実情ですが、対応策的なものがいくつかあります。

必ずしも有効であるものばかりではありませんが、いくつか記載します。

(3) 相続財産を敢えて差押えをしてもらう！？

長男と二女は、仮に自分の蓄えで法定相続分に応じた相続税を支払ったとしても、長女分が滞納となってしまっては、更に自分の蓄えを取り崩してまで連帯して納付する義務が発生することとなってしまいます。

遺産分割がまとまらないことから、相続財産である預貯金等の出金はできません。

いつ遺産分割がまとまるか分からない状態では、延滞税が増え続けてしまいます。

そこで、税務署等に相続財産である預貯金等を差し押さえてもらうように相談してみるのも一つの手です。

「相続税≦遺産である預貯金等」であれば、納税が完了し、延滞税が増え続けることもありません。

また、自分の蓄えに手を付けずに済み、完納できれば、連帯納付義務も発生しません。

仮に「相続税≧遺産である預貯金等の場合」であっても、不足した差額のみを自らの蓄えで賄うことで負担が減少できます。

(4) 未分割での申告と同時に長女が延納申請を行う

未分割状態で申告する際に、長女分については延納申請をさせることにより、連帯納付義務を避けることができます。

この連帯納付義務の規定は、相続税法第34条第1項に規定されていますが、その但し書きに「ただし、次の各号に掲げる者の区分に応じ、当該各号に定める相続税については、この限りでない」とあります。

条文の原文は別記しますが、同条同項の第1号を簡記すると、「納

税義務者が延納の許可を受けた場合に係る連帯納付義務者が延納の許可を受けた相続税額」はこの限りではない（＝連帯納付義務はない）こととなります。

　もちろん、延納申請には、「金銭納付困難事由」や「担保提供」などの手続きが必要となり、また、延納が許可されるためにはこれらの条件を満たした上で、長女の延納申請に同意することが前提ではあります。

　「連帯納付義務」を負わないことを優先するのであれば、この方法を未分割で申告する際に検討してみるのも一つの手だと思われます。

相続税法
第34条（連帯納付の義務等）
　同一の被相続人から相続又は遺贈（第29条の9第3項の規定の適用を受ける財産に係る贈与を含む。以下この項及び次項において同じ）により財産を取得したすべての者は、その相続又は遺贈により取得した財産に係る相続税について、当該相続又は遺贈により受けた利益の価額に相当する金額を限度として、互いに連帯納付の責めに任ずる。<u>ただし、次の各号に掲げる者の区分に応じ、当該各号に定める相続税については、この限りでない。</u>
　一　納税義務者の第33条又は国税通則法第35条第2項 若しくは第3項（申告納税方式による国税等の納付）の規定により納付すべき相続税額に係る相続税について、第27条第1項の規定による申告書の提出期限（当該相続税が期限後申告書若しくは修正申告書を提出したことにより納付すべき相続税額、更正若しくは決定に係る相続税額又は同法第32条第5項（賦課決定）に規定する賦課決定に係る相続税額に係るものである場合には、当該期限後申告書若しくは修正申告書の提出があつた日、当該更正若しくは決定に係る同法第28

条第1項(更正又は決定の手続き)に規定する更正通知書若しくは決定通知書を発した日又は当該賦課決定に係る同法第32条第3項に規定する賦課決定通知書を発した日とする)から5年を経過する日までに税務署長(同法第43条第3項(国税の徴収の所轄庁)の規定により国税局長が徴収の引継ぎを受けた場合には、当該国税局長。以下この条において同じ)がこの項本文の規定により当該相続税について連帯納付の責めに任ずる者(当該納税義務者を除く。以下この条及び第51条の2において「連帯納付義務者」という)に対し第6項の規定による通知を発していない場合における当該連帯納付義務者　当該納付すべき相続税額に係る相続税

<u>二　納税義務者が第38条第1項(第44条第2項において準用する場合を含む)又は第47条第1項の規定による延納の許可を受けた場合における当該納税義務者に係る連帯納付義務者　当該延納の許可を受けた相続税額に係る相続税</u>

三　納税義務者の相続税について納税の猶予がされた場合として政令で定める場合における当該納税義務者に係る連帯納付義務者　その納税の猶予がされた相続税額に係る相続税

2　同一の被相続人から相続又は遺贈により財産を取得した全ての者は、当該被相続人に係る相続税又は贈与税について、その相続又は遺贈により受けた利益の価額に相当する金額を限度として、互いに連帯納付の責めに任ずる。

3　相続税又は贈与税の課税価格計算の基礎となつた財産につき贈与、遺贈若しくは寄附行為による移転があった場合においては、当該贈与若しくは遺贈により財産を取得した者又は当該寄附行為により設立された法人は、当該贈与、遺贈若しくは寄附行為をした者の当該財産を課税価格計算の基礎に算入した相続税額に当該財産の価額が当該相続税の課税価格に算入された財産の価額のうちに占める割合を乗じて算出した金額に相当する相続税又は当該財産を課税価格計算の基礎に算入した年分の贈与税額に当該財産の価額が当該贈与税の課税価格に算入された財産の価額のうちに占める割合を乗じて算出した金額に相当

する贈与税について、その受けた利益の価額に相当する金額を限度として、連帯納付の責めに任ずる。

4　財産を贈与した者は、当該贈与により財産を取得した者の当該財産を取得した年分の贈与税額に当該財産の価額が当該贈与税の課税価格に算入された財産の価額のうちに占める割合を乗じて算出した金額として政令で定める金額に相当する贈与税について、当該財産の価額に相当する金額を限度として、連帯納付の責めに任ずる。

5　税務署長は、納税義務者の相続税につき当該納税義務者に対し国税通則法第37条（督促）の規定による督促をした場合において当該相続税が当該督促に係る督促状を発した日から1月を経過する日までに完納されないときは、同条の規定にかかわらず、当該相続税に係る連帯納付義務者に対し、当該相続税が完納されていない旨その他の財務省令で定める事項を通知するものとする。

6　税務署長は、前項の規定による通知をした場合において第1項本文の規定により相続税を連帯納付義務者から徴収しようとするときは、当該連帯納付義務者に対し、納付すべき金額、納付場所その他必要な事項を記載した納付通知書による通知をしなければならない。

7　税務署長は、前項の規定による通知を発した日の翌日から2月を経過する日までに当該通知に係る相続税が完納されない場合には、当該通知を受けた連帯納付義務者に対し、国税通則法第37条の規定による督促をしなければならない。

8　税務署長は、前3項の規定にかかわらず、連帯納付義務者に国税通則法第38条第1項各号（繰上請求）のいずれかに該当する事実があり、かつ、相続税の徴収に支障があると認められる場合には、当該連帯納付義務者に対し、同法第37条の規定による督促をしなければならない。

28 農地等の納税猶予①
～申請から申告まで～

西　田：所長、昨日依頼を受けた相続税の申告案件なんですけど、被相続人は農家さんだそうです。
　　　　農家さんの相続税の申告手続きをする上で、特に注意することがありますか？

所　長：遺言書は遺されていたのかい？

西　田：遺言書は作られていなかったようです。

所　長：遺産分割の話合いは進んでいる案件なのかね？

祐　子：いえ。遺産分割の話合いどころか、相続に関する手続きは、まだ何もしていない状態だそうです。

所　長：「農地等の納税猶予」に関しての相談はあったかい？

祐　子：「納税猶予を受けられるのか？」という質問がありましたので、「次回までに調べておきます」と回答しておきました。

所　長：申告期限はいつだね？

西　田：まだ、だいぶ先です。約6か月もあります。

所　長：農地等の納税猶予を予定している案件で、遺産分割の話合いも行われていない状態で期限まで6か月しかないのであれば、急がないと間に合わないな。

西　田：えっ？　そうなんですか？

所　長：農地等の納税猶予を受ける場合には、多くの条件（要件）をクリアする必要があるんだ。
　　　　一般的に、申告期限までに次に掲げる書類を提出しなければならない。

> ①相続税申告書（相続税の申告書に所定の事項を記載し申告期限内に提出）
> ②遺産分割協議書（対象となる農地等に関しては相続税の申告期限までに遺産分割を了していること）
> ③相続税の納税猶予に関する農業委員会発行の適格者証明書の添付
> ④担保提供に関する書類
> 詳しい書類は各市町村のHPなどに、「農業委員会への申請時の添付書類」として記載されているから参考に見てごらん。
>
> 西田：農地等の納税猶予を適用する場合には、「期限内に納税猶予を適用する農地等の遺産分割」を終わらせて、「期限内に申告」するのが条件なんですね。
>
> 所長：そうだね。最低限、その2つは必須になるね。
>
> 祐子：期限内に分割・申告であれば、いつも通りの仕事をしていれば十分に間に合う…ということでしょうか？
>
> 所長：それが、そうでもないんだ。少し説明をしよう。

解説

　農地等の納税猶予の申請手続きは、各案件の個別事情や地域性などにより詳細は異なる場合がありますが、通常の申告手続きとは別に、次の作業や手続きが必要となります。

1　納税猶予の申請手続き
（1）農業委員会での手続き（適格者証明の取得）
　①農地等を相続する者が、農業相続人の要件を満たしているかの確認
　②納税猶予申請対象農地の特定
　③遺産分割協議書の作成

④③に基づき相続登記手続き
　⑤農業委員会への申請書類提出(適格者証明の発行願・③を添付)

(2) 申告手続き

　⑥農業委員会の証明書を基に納税猶予額の計算(相続税申告書の作成)
　⑦申告期限内に相続税の申告書とともに必要書類の提出
　⑧④による名義変更完了の確認と担保提供に関する書類の提出

2　適格者証明発行(概略)

　忘れがちなのが⑤の農業委員会への申請書類提出の時期です。

　農業委員会は、原則として、各市町村役場に設置されており、概ね毎月1回委員会が開催されているようです。

　農地等の納税猶予の申請を受けた際、その特例対象農地が農地として適切か、その申請者が農業相続人として適切かなどを審査した上で、適格者証明書を発行しています。

　このため、この適格者証明書の入手には、申請後最低でも1か月ほどかかります。

3　具体的な手続き

(1)「適格者証明」申請の前に遺産分割

　前述の通り、適格者証明の申請の際には、原則として遺産分割協議を了している必要があります。被相続人が所有していた農地等を誰が引き継ぐ(農業相続人)のかが審査の対象となるからです。

　農地は、農地法の制限もあることから、一般的には農業に従事する相続人以外の方にとっては、所有する必要性があまりないことになります。

　しかし残念ながら、相続人間で争いが起きてしまい、特例対象農地に関しても遺産分割を行うことができないケースがあるのも事実です。

また、都会に近い地域にある市街地農地を所有されるお宅で起きやすい事例ですが、「お兄ちゃんは大きな農地を相続するのだから、その他の宅地は私が相続したい」などと、遺産分割に際しての交渉材料となってしまい、遺産分割までに相当な期間を要してしまうケースもあります。
　農地等の納税猶予の適用を検討している案件は、他の案件以上に遺産分割を早めに了しておく必要があります。

(2)「相続税の納税猶予に関する適格者証明書」の取得

　農地等の納税猶予の申請をする場合は、相続税の申告書に「相続税の納税猶予に関する適格者証明書（以下「適格者証明」と略して記載）」の添付が必要となります。
　この適格者証明の発行は、各地域にある「農業委員会」に必要書類を添付して申請し、その申請に対して農業委員会は、提出された書類の審査や現地調査等を経て適格者証明を発行することとなります。
　「適格者証明の申請」をした日が、たまたま、その月の農業委員会の開催直後となってしまった場合は、翌月の委員会で書類審査等が始まり、そのまた翌月の委員会で証明書が発行されるということもあります。
　適格者証明の発行申請時の添付書類や記載内容に不備があった場合は、追加資料の提出や申請書の記載事項の訂正や修正が必要となる場合があります。
　また、農業相続人候補者に農業経営を継続していく意思があっても、申請時点で遠隔地に居住している場合や申請時点で他の職業を持っている場合など、「適格者」であるかどうかの判断が即時にできないケースもあります。
　これらの場合は「適格者証明」が発行されるまでに、更に時間がかかってしまいます。
　このため、当所では「原則、申告期限の4か月以上前に申請。遅くと

も申告期限の2か月前には申請を終わらせる」ようにしています。

(3) 申告期限に担保提供

　農地等の納税猶予を適用するには、相続税の申告書に所定の事項を記載し期限内に提出するとともに農地等の納税猶予税額及び利子税の額に見合う担保を提供する必要があります。

　また、申告書には前述の適格者証明や担保提出に関する書類など一定の書類を添付することが必要となります。

　この「担保提供」には、金融機関で不動産を担保として融資を受ける場合と同様に、所有者である登記名義人の署名・捺印した「抵当権設定登記承諾書」と「印鑑証明書」の提出が必要となります。

　遺産分割を了した際には、特例対象農地に関しては、早々に相続登記の申請を行い、名義変更を終わらせておく必要があります。

4　申告期限に遺産分割が了しない場合

　農地等の納税猶予の適用を受ける場合、前述までに記載の通り、納税猶予の特例対象農地については、遺産分割が了している必要があります。

　しかし、案件によってはこの「納税猶予の特例対象農地以外の財産」について遺産分割が了しないケースがあります。

　その場合は、特例対象農地のみの一部分割（部分分割）を行い、他の財産については「未分割」として法定相続分での計算を行い、その内容による各人の税額計算と納税を行うこととなります。

相続税納税猶予適格者証明添付書類

1　適格者証明願　　　　　　　　　　　　　　　　　　2部
2　特例農地明細書　　　　　　　　　　　　　　　　　2部
3　誓約書　　　　　　　　　　　　　　　　　　　　　2部
4　相続税の納税猶予に関する適格者証明書チェック表　　1部
5　相続関係説明図　　　　　　　　　　　　　1部(コピー可)
6　遺産分割協議書又は遺言書　　　　　　　　1部(コピー可)
　（※ 遺言書は公正証書又は裁判所の検印のあるもの）
7　被相続人の戸籍謄本 及び 相続人全員の戸籍抄本　各1部(コピー可)
8　被相続人の所有農地の名寄帳　　　　　　　1部(コピー可)
9　特例申請農地に係る土地登記簿謄本(全部事項証明書)
　　　　　　　　　　　　　　　　　　　　　1部(コピー可)
10　特例申請農地の公図写し　　　　　　　　2部(コピー可)
　（※ 該当農地をマーカー等で示して下さい）
11　特例申請農地の所在を明らかにする住宅地図等　2部(コピー可)
　（※ 該当農地をマーカー等で示して下さい）
12　申請人の住宅地図(案内図)　　　　　　　2部(コピー可)
　（※ 該当地をマーカー等で示して下さい）

注1）特例申請農地の中に農地でない部分がある場合は分筆をするか、分筆登記が間に合わないときは測量図を添付してください。
注2）代理人が適格者証明を受領する場合は委任状及び認め印を持参して下さい。

参考…静岡市役所HP
http://shinsei.city.shizuoka.jp/dtl.php?id=173

29 農地等の納税猶予②
~申告から免除まで~

西　田	：所長、相続税の申告書の作成を行っている案件についてご相談があります。
所　長	：どんな相談だね？
西　田	：相続財産の中に「農地等の納税猶予」に該当する土地があるんですが、相続人の方が「納税猶予はしない」って言い出したんですが…。
所　長	：なにか事情があるのかね？
西　田	：納税猶予制度の内容や適用条件などの説明をしていたら「よく分かんないからやめる」って言ってました。
所　長	：それは西田君の説明の仕方が悪かったんじゃないのかね。
祐　子	：納税猶予の制度のことが分からないのではなく、「いままで農業の手伝いをしてこなかったため、自分に農業ができるか自信がなく、ずっと農業経営を続けていけるかどうかが…よく分かんないからやめる」って言ってました。
所　長	：なるほど、「農業を続けていく自信がない」ということなんだね。納税猶予の適用を受けない場合は、負担する相続税額が増えてしまうことは理解されているのかい？
祐　子	：途中経過の概算ですが、相続税の税額計算をして、金額を伝えました。
西　田	：確かに、納税猶予を適用したほうが数百万円、納税する金額が少なくて済むけど、今回は、その差額を負担してでも農地等の納税猶予は適用しないで申告をしたいそうです。

所　長：そうか。ご本人の決断であれば、納税猶予制度を適用しないことを尊重することとなるのだろうね。

祐　子：お話を聞いている感じだと、「決断」というほど、覚悟を決めているわけではないかもしれません。
　　　　納税猶予を使わない方向で考えている…というのが現状だと思います。

所　長：なるほど。
　　　　では、参考までに農地等の相続税の納税猶予の特例について、現状の申請者数や適用後の手続きなどを見て行こう。

解説

1　統計情報等からみた農地の納税猶予

　国税庁、各国税局が公表している「統計情報」から、農地等の納税猶予（相続税）に関する下記の各年の申請件数の推移を【表1】、平成26年分の納税猶予額を【表2】に掲げました。

　平成14年から平成26年の13年間で、相続税の農地等の納税猶予申請件数は、全国ベースで、おおよそ1/3に減少しています。

　特に、関東信越国税局管内では、同期間に申請件数が約8割減少し、平成14年当時の2割程度の件数まで減少しています。

　農地等の納税猶予申請は、このまま推移すると限りなく0に近づいていくのか思われていましたが、平成27年分の統計情報によると、対前年比20％程度の申請件数の増加がみられます。

　ご承知の通り、平成27年分から相続税は、基礎控除の減額などの税制改正が行われ、相続税の対象者が拡大されましたが、農地の納税猶予の申請件数が前年に比べて増加した理由の一つが、この改正にあるものと推測します。

【表1】農地の納税猶予申請件数の推移(相続税)

(単位：億円)

年　分	14	17	20	23	26	27
国税庁(全国)	4,741	3,049	2,373	2,047	1,522	1,840
関東信越局	890	488	409	311	200	255
東京局	752	513	464	424	410	377
名古屋局	1,031	632	449	384	271	370
大阪局	1,091	737	573	539	413	494

件数は、納税猶予の申請をした相続人の人数を指します。

【表2】農地の納税猶予申請税額等(H26・相続税)

年　分	Ⓐ申請額	Ⓑ申請件数	申請額平均値Ⓐ／Ⓑ
国税庁(全国)	44,086百万円	1,522件	2,896万円
関東信越局	3,926百万円	200件	1,963万円
東京局	25,090百万円	410件	6,119万円
名古屋局	4,802百万円	271件	1,771万円
大阪局	7,814百万円	413件	1,892万円

2　納税猶予適用・不適用の判断・選択

　この特例は、文字通り「納税の猶予」であって、「即時に免除」されるわけではありませんが、別記タックスアンサー記載のいずれかに該当することとなったときに免除されます。

　私が関与する相続税案件においても、「親は亡くなる直前まで農業を続けてきたけれど、自分の代では、これから20年間も農業を継続する自信がない」、「親が元気なうちに、ほとんど農業の手伝いをしてこなかったため、農業そのものができない、分からない」などの理由で農地の納

税猶予を適用しないという決断をされる方が増える傾向にあります。

　前掲の【表1】の通り、納税猶予の申請件数が減少しているのも、同様の理由や事情によるものと思われます。

　今回の事例のように、相続税申告に関与した当初に「納税猶予」の説明を行った際には、「農業継続の自信がないので適用しません」と仰っていた相続人が、申告期限が徐々に迫ってくるに従って「農業をやっていく決心をしました。やはり、納税猶予の申請をします」と思い直すことも少なくありません。

　相続人の方が生涯、農業継続するか否かの決意には、やはりある程度の時間を要するのは仕方のないことと思われます。

　その理由として前掲の【表2】の通り、納税猶予1件当たりの申請額は相当な額となり、何らかの理由で農地等納税猶予税額の納付を行わなければならなくなった場合に、免除されていた期間の利子税と合わせて相当な負担を強いられることが挙げられます。

　このような相続人の決断に要する時間と、申請や申告の期限とを考慮しながら、適時・適切な説明や指導を行う必要があります。

　上記のように相続人の決断によっては、急遽対応を迫られる「農地等の納税猶予適用の可能性のある案件」は、他の一般案件以上に注意を払う必要があります。

　また、実際に農地等の納税猶予の適用を受けた場合は、3年ごとに下記の手続きを継続して行っていかなければいけません。

●納税猶予期間中の継続届出

　納税猶予期間中は相続税の申告期限から3年目ごとに、引き続きこの特例の適用を受ける旨及び特例農地等に係る農業経営に関する事項等を記載した「継続届出書」を提出する必要があります。この継続届出を提出しないと利子税とともに相続税を支払わなくてはならなくなりますの

で注意が必要です。

国税庁タックスアンサーNo.4147からの抜粋
1　納税猶予を受けるための要件
(1) 被相続人の要件
　　次のいずれかに該当する人であること。
　　イ　死亡の日まで農業を営んでいた人
　　ロ　（中略）
(2) 農業相続人の要件
　　被相続人の相続人で、次のいずれかに該当する人であること。
　　イ　相続税の申告期限までに農業経営を開始し、その後も引き続き農業経営を行うと認められる人
　　ロ　（中略）
(3) 特例農地等の要件
　　次のいずれかに該当するものであり、相続税の期限内申告書にこの特例の適用を受ける旨が記載されたものであること。
　　イ　被相続人が農業の用に供していた農地等で相続税の申告期限までに遺産分割されたもの
　　ロ　（中略）

2　農地の納税猶予が免除される場合
(1) 特例の適用を受けた農業相続人が死亡した場合
(2) （中略）
(3) 特例の適用を受けた農業相続人が相続税の申告書の提出期限から農業を20年間継続した場合（市街化区域内農地等に対応する農地等納税猶予税額の部分に限ります）
　　※特例農地等のうちに都市営農農地等を有しない相続人に限ります。

3 農地等納税猶予税額の納付

(1) 農地等納税猶予税額を納付しなければならなくなる場合

次のいずれかに該当することとなった場合には、その農地等納税猶予税額の全部又は一部を納付しなければなりません。

イ 特例農地等について、譲渡等があった場合

譲渡等には、譲渡、贈与若しくは転用のほか、地上権、永小作権、使用貸借による権利若しくは賃借権の設定若しくはこれらの権利の消滅又は耕作の放棄も含まれます。

ロ 特例農地等に係る農業経営を廃止した場合

ハ 継続届出書の提出がなかった場合

ニ 担保価値が減少したことなどにより、増担保又は担保の変更を求められた場合で、その求めに応じなかったとき

ホ 都市営農農地等について生産緑地法の規定による買取りの申出があった場合や都市計画の変更等により特例農地等が特定市街化区域農地等に該当することとなった場合

30 生産緑地・2022年問題

西　田：お母様の相続税額の概算が出ましたのでお知らせに参りました。
　　　　今回の相続税額は概ね5,000万円ほどになりそうです。

長　男：そんなに？！
　　　　15年前の親父の相続のときより納税額が大きいような気がします。

祐　子：お父様の相続の際は、相続人が配偶者であるお母様とお子さんが2名でしたので、基礎控除も3名分ありました。
　　　　今回のお母様の相続に関しては、相続人がお子様2名となりますので、基礎控除が2名分となってしまいます。

長　男：相続税の改正があったとも聞いてます。

西　田：平成27年以降の相続に関しては、基礎控除の額が下がってしまっています。
　　　　また、前回は配偶者の税額軽減もありましたが、今回はそれもありません。

長　男：親父の相続のときにも相当な税額だったので、大変でした。

祐　子：前回の相続税の申告書を拝見しました。
　　　　ご長男がお父様から相続された土地には、生産緑地があるようですね。

長　男：市街化区域にある畑は、固定資産税も宅地並みなので大変なんです。
　　　　それで、親父が亡くなったときに相続した生産緑地は継続し

ました。

西田：その生産緑地は納税猶予も受けているんですね。
と、なると当時の相続税法ですと…。
あと6年ほど農業を続ける必要がありますね。

長男：え？　今回の母の相続税の支払いもあるので、その農地は売ろうかと思っているんです。
一緒に農業をしていた母が亡くなったこともあり、この機会に農業を辞めようかとも思っています。

西田：平成21年に相続税の納税猶予に関して改正がありました。
現在の納税猶予制度は、原則として終身の営農が条件となっています。
お父様が亡くなられたのは、この改正前ですので以前の相続税法が適用されています。
農地の納税猶予は、その申告期限から20年間経たないと納税猶予が免除されません。
相続開始からですと20年と10か月は農業を継続する必要があります。

長男：え！？　農業を辞められないってことですか？

西田：そうではありませんが、そのときは納税の猶予が打切りとなります。
猶予された税額と、相続税の申告期限以降の期間分の利子税とを合わせて納税することになります。

祐子：利子税の計算は、少し複雑なので、仮に利子税の率を2％とします。
納税猶予後、15年ほど経っていますので、30％ほどの利子税がかかってしまいます。

長男：それでは、親父の相続のときに支払わなければいけなかった金額よりも、税額が増えてしまっているってことですか？
確かに納税猶予を受けるときに、20年続けなきゃいけないっ

ていうのは聞いた気がするけど、利息まで払うとは思わなかったです。

祐　子：相続税の納税猶予以外にも、その農地は生産緑地の指定も受けています。
　　　　お父様が1992年に生産緑地の指定を受けているようですので、生産緑地の指定から30年経つのは、2022年となります。

長　男：それでは、売ることもできないんですね。

西　田：生産緑地の指定解除という手続きがありますが、解除すると、先ほどお話しした相続税の納税猶予額と利子税の支払いが決定してしまいます。

長　男：そうですか…。

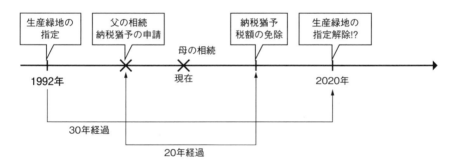

解説

　生産緑地法ができた当時からの農家さんは、この「生産緑地」について、理解されている方がほとんどですが、次世代以降の方は、あまり理解されていない場合があります。

　また、我々、専門家の中にも生産緑地に関連する実例を経験していない場合があり同業者から、「知人の紹介で相続の依頼を受けた案件で、生産緑地の指定を受けた農地があるんだけど、どうしたらいい？」とい

う相談を受けることも少なくありません。

「2022年問題」などと題した生産緑地に関する記事が増えてきていることもあり、「相続」という場面に携わる税務・法務・不動産などに関連する専門家にとって、この「生産緑地に関する2022年問題」は欠かせない知識となってきています。

1 生産緑地の概要
(1) 生産緑地とは

市街化農地は固定資産税評価額が宅地並みとなり、農家にとってはその土地で農業を続けることが難しくなります。

生産緑地法とは、三大都市圏の特定市の市街化区域内にある農地に対し、生産緑地の指定後30年間の営農などを条件に固定資産税等が大幅に軽減される制度です。

ただし、生産緑地の指定を受けた農地は、固定資産税が軽減される代わりに、指定を受けた後30年は農地以外に使用することができなくなってしまいます。

【生産緑地の概要】
(1) 生産緑地の指定の要件
　①市街化区域内の農地等である
　②公害等の防止に役立つなど農林漁業と調和した都市環境の保全等に効用がある。
　③公園や緑地など公共施設等の敷地に適している
　④面積が500㎡以上の規模等であり、良好に耕作がされている農地
　⑤用排水等の営農継続可能条件を備えている
(2) メリットの例示
　①固定資産税・都市計画税等の優遇(農地課税となり大幅な減額)

②相続税・贈与税の納税猶予の対象
(3) デメリットの例示
　①原則として「売る」、「貸す」、「建てる」などができない。(農地としての保全義務)
　②原則として農業の廃業や農業放棄ができない(農業継続の義務)

(2) 市町村長への買取申し出、指定の解除

　生産緑地の指定から30年経過したときや所有者が死亡した場合などは、所有者は市町村に対し買取りの申し出を行うことができることとなっていますが、生産緑地法第12条第1項により、市町村は原則として、「申し出があった日から起算して1月以内に当該生産緑地を時価で買い取る旨又は買い取らない旨を書面で当該生産緑地の所有者に通知しなければならない」となっていますが、市町村が実際に買取りを行ったケースは稀なのではないかと思われます。

　買取り等がされない場合は生産緑地の指定が解除となります。

　解除となった場合は、建物の建築や売買が自由にできることとなりますが、反面、固定資産税は宅地並み課税へと戻ってしまいます。

(3) 生産緑地の面積などの推移

　国土交通省の公表数値では、全国の市街化区域内農地(生産緑地を除く)は平成5年に128,094haあったものが平成26年には63,418haと、ほぼ半減しており、その減少したほとんどの農地は宅地化されたものと推測されます。

　その一方、生産緑地は平成5年に15,164haであり、平成26年には13,654haと10%程度の減少にとどまっています。

　生産緑地の指定を受けた土地の大部分が約20年間、農地として保全されていることになります。

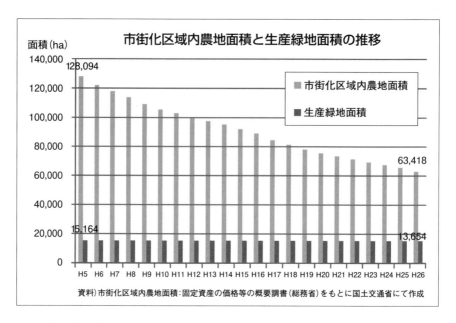

　同内容を三大都市圏の特定都市に限定すると、全国のデータ同様、生産緑地は農地として保全されていることが読み取れます。

　しかし、生産緑地以外の市街化農地は、平成5年に30,628haあったものが、平成26年には、約60％が減少し、12,916haとなっており、市街化区域の農地の宅地化が、より進んでいるものと推測できます。

　この結果、生産緑地以外の市街化農地の面積は、生産緑地の面積を下回る状況となっています。

30 生産緑地・2022年問題

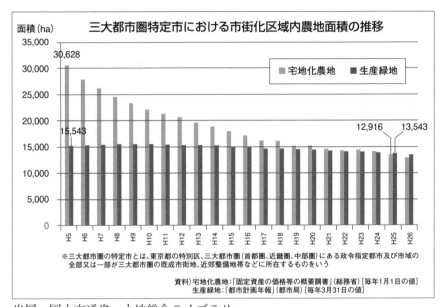

出展　国土交通省　土地総合ライブラリー
http://tochi.mlit.go.jp/shoyuu-riyou/takuchikanouchi

【生産緑地法　第3条（要旨）】
　市街化区域（都市計画法第7条第1項の規定による市街化区域をいう）内にある農地等で、次に掲げる条件に該当する一団のものの区域については、都市計画に生産緑地地区を定めることができる。（後略）

【都市計画法　第7条（要旨）】
　都市計画区域について無秩序な市街化を防止し、計画的な市街化を図るため必要があるときは、都市計画に、市街化区域と市街化調整区域との区分（以下「区域区分」という）を定めることができる。ただし、次に掲げる都市計画区域については、区域区分を定めるものとする。
一　次に掲げる土地の区域の全部又は一部を含む都市計画区域
　イ　首都圏整備法第2条第3項に規定する既成市街地又は同条第四項に規定する近郊整備地帯

ロ　近畿圏整備法第２条第３項に規定する既成都市区域又は同条第四項に規定する近郊整備区域
ハ　中部圏開発整備法第２条第３項に規定する都市整備区域
ニ　前号に掲げるもののほか、大都市に係る都市計画区域として政令で定めるもの

【首都圏整備法　第２条(要旨)】
3　この法律で「既成市街地」とは、東京都及びこれと連接する枢要な都市を含む区域のうち、産業及び人口の過度の集中を防止し、かつ、都市の機能の維持及び増進を図る必要がある市街地の区域で、政令で定めるものをいう。

【首都圏整備法施行令　第２条(要旨)】
　法第２条第３項の政令で定める市街地の区域は、東京都の特別区の存する区域及び武蔵野市の区域並びに三鷹市、横浜市、川崎市及び川口市の区域のうち別表に掲げる区域を除く区域とする。

(別表、三鷹市のみを抜粋)

三鷹市	北野一丁目から四丁目まで、新川一丁目、中原一丁目、二丁目及び四丁目並びに大沢二丁目から六丁目までの区域並びに新川四丁目、中原三丁目及び大沢一丁目のうちそれぞれ国土交通大臣が定める区域

2　2022年問題

(1) 宅地の過剰供給の開始？

　平成5年以降、約20年の間に10％程度の生産緑地の面積が減少している理由は、所有者の死亡などの際に、市町村長への買取り申し出後、指定解除がされたものと思われます。

残りの約90％の土地の大部分の農地が、2022年に指定後30年を迎え、市町村長に対する買取り申し出が一斉にされることが想定されますが、そのほとんどのケースは、買取りできず、指定解除となるものと思われます。

　指定解除となれば、農地課税から宅地並み課税となり固定資産税が跳ね上がります。

　宅地並み課税となる大きな土地(指定面積が500㎡以上)を遊ばせておくことは、農家にとってかなりの負担となることから、その大部分が売却や建物建築などにより宅地化されることが想像できます。

　JR山手線の内側の面積が65㎢前後と言われますが、前述のデータから平成26年における生産緑地の面積は13,500ha(135㎢)であることを考えると、その山手線の内側面積の2倍の土地が宅地化に向かう可能性があることとなります。

　これにより、土地の価額がどのようになるのか…。

　これが、「2022年問題」と言われるものです。

(2) 都市緑地法等の一部を改正する法律

　平成29年2月10日に「都市緑地法等の一部を改正する法律案」が、閣議決定され、5月12日に公布されました。

　この法律を基に生産緑地法や都市計画法なども改正が行われています。この改正により、2022年以降起きるであろう、急激な変化は、ある程度の緩和が見込まれるものと思われます。

　生産緑地法に関係する主な改正は次の通りです。

　①生産緑地地区の一律500㎡の面積要件の緩和

　　　現在、生産緑地の指定面積は、一律500㎡以上となっていますが、各市町村の条例で300㎡まで引下げ可能としています。

　　　これによりに、今まで生産緑地の対象とならなかった500㎡未満

(300㎡以上)の農地についても生産緑地の指定がされることとなります。

②生産緑地地区内で直売所、農家レストラン等の設置が可能

　生産緑地に指定された農地では、原則として農地以外使用ができないこととなっていました。

　この改正により、生産された農作物の直売所や農家自身がレストラン経営を行うことを可能にして、宅地として市場に供給される面積を抑えようとしているものと思われます。

③生産緑地の買取り申し出の10年延期

　2022年以降に指定後30年経過を迎えた後、その期間を10年ごと延長できることとしました。

　これにより、一斉宅地化を緩和することを目的としているものと思われます。

(3) 各農家における2022年以降の対応

①法改正でのメリット

　ⅰ) 10年ごとに買取り申し出をするか否かの選択ができるようになり、急激な時代変化への対応や、その途中で起きる相続などの際の対応の幅が広がったといえます。

　　また、延長期間中は、固定資産税の優遇措置も継続されます。

　ⅱ) レストランの設置が可能となることにより、一次産業である農業から、2次、3次産業への転換の可能性という選択幅が増したことにもなります。

　ⅲ) 相続の際、農地を兄弟などで分割取得することにより各相続人の所有する農地面積が500㎡未満となった場合なども、生産緑地の指定を受けることができるようになります。

②未解決の事項

　ⅰ）相続税の納税猶予

　　　相続税の納税猶予の対象となる農地とは、いわゆる「肥培管理されている農地」に限定されています。

　　　異なる言い方をすれば、農地として耕作している部分に限定されており、農機具の保管場所などや田畑への進入路などの農業施設の用地には、納税猶予が適用されないのが現状です。

　　　現時点では、相続税の納税猶予については改正されていないことから、生産緑地法改正により緩和されたレストランや直売所の敷地、その駐車場部分などは、相続税の納税猶予は適用されないこととなります。

　　　また、納税猶予の要件には、農業の継続があります。

　　　以前は20年間の農業継続により猶予税額が免除されましたが、平成21年の相続税の納税猶予の改正により、大半のケースが農業の生涯継続が要件となっています。

　　　改正前のように継続期間が20年であったり、その後10年ごとの見直しが可能、かつ、遡って利子税が発生しないなど、生産緑地法と条件や要件が統一されることで、農家さんにとっては、利用しやすい制度になるものと考えます。

　　　税制を含めた改正や対応が、今後も行われていくものと期待します。

　ⅱ）各農家で営農が継続困難な理由

　　　農家さんが喜んで農業放棄をしたり、積極的に農地を宅地化しているというケースは、ほとんどありません。

　　　何らかの理由で、泣く泣く農業の廃業や、農業継続を断念せざるを得ない状況からの農地の縮小や宅地化を選択して（せざ

るを得ない)います。
　　・後継者がいない
　　・高齢や体調不良により農業継続が困難
　　・農業のみでは生計を立てられない
などが、その理由として挙げられることが多いのが実態であると思われます。

MEMO

【著者紹介】

吉野 広之進（ヨシノ コウノシン）
税理士　税理士法人オフィス オハナ代表

〔著者略歴〕

昭和38年10月 神奈川県川崎市で出生

昭和57年 4 月 東京国税局総務部総務課　入局
　　以後、東京国税局管内各税務署にて主に相続税・贈与税・譲渡所得税の税務調査を財務事務官(特別国税調査官付き資産税担当　上席国税調査官)として担当

平成17年10月 退官後、小田原市にて税理士・行政書士事務所を開業

平成24年10月 「相続遺言の窓口®　株式会社ケアロハ」を設立

平成25年 8 月 「税理士法人オフィス オハナ」を設立
　　　　　　　小田原市国府津に本店、平塚駅前に支店を開設

平成26年 1 月 小田原市本町に支店を増設

平成28年11月 大和市中央林間駅前に支店を増設

平成29年 8 月 「行政書士法人オフィス オハナ」を設立
　　　　　　　横浜駅西口に本店、平塚駅前に支店を開設

　　現在、税理士法人4拠点、行政書士法人2拠点の代表社員税理士・行政書士

〔事務所概要〕

税理士法人　オフィス オハナ　http://office-ohana.jp
行政書士法人　オフィス オハナ　http://ogj.hp.gogo.jp
相続・遺言の窓口Ⓡ株式会社ケアロハ　http://kealoha-souzoku.com

　（横浜オフィス）
　神奈川県横浜市神奈川区鶴屋町3-35-10リーヴ横浜西口ビル6階
　（中央林間オフィス）
　神奈川県大和市中央林間3-12-14アロハビル4階
　（平塚オフィス）
　神奈川県平塚市代官町1-5YKビル3階
　（小田原オフィス）
　神奈川県小田原市本町4-8-9
　（国府津オフィス）
　神奈川県小田原市国府津2329-5
　代表 TEL：0465-49-6119

〔執筆協力〕

斎藤　竜（さいとう　りょう）　司法書士
司法書士事務所リーガルエステート代表
株式会社リーガルエステート代表取締役
2018年1月に当社にて「ゼロからはじめる『家族信託』活用術」刊行予定

則久　忠弘（スリーアローズ会計事務所、相続・遺言の窓口Ⓡ㈱ケアロハ）
吉野　麻季（相続・遺言の窓口Ⓡ㈱ケアロハ）
髙橋　健太郎（税理士法人オフィス オハナ）
吉武　ゆきの（税理士法人オフィス オハナ）
山田　和興（行政書士法人オフィス オハナ）

本書の内容に関するご質問は、ファクシミリ等、文書で編集部宛にお願いいたします。(fax 03-6777-3483)
なお、個別のご相談は受け付けておりません。

本書刊行後に追加・修正事項がある場合は、随時、当社のホームページ（https://www.zeiken.co.jp）にてお知らせいたします。

実例で見る「相続」の勘どころ

平成29年12月10日　初版第一刷印刷　　　　　　　　（著者承認検印省略）
平成29年12月20日　初版第一刷発行

　　Ⓒ　著　者　　吉　野　広　之　進
　　　　発行所　　税　務　研　究　会　出　版　局
　　　　　　　　　週刊「税務通信」「経営財務」発行所
　　　　代表者　　山　根　　　毅
　　　　郵便番号 100-0005
　　　　東京都千代田区丸の内 1-8-2 鉄鋼ビルディング
　　　　振替 00160-3-76223
　　　　電話〔書 籍 編 集〕03 (6777) 3463
　　　　　　〔書 店 専 用〕03 (6777) 3466
　　　　　　〔書 籍 注 文〕
　　　　　　〈お客さまサービスセンター〉03 (6777) 3450

各事業所　電話番号一覧

北海道 011(221)8348　神奈川 045(263)2822　中　国 082(243)3720
東　北 022(222)3858　中　部 052(261)0381　九　州 092(721)0644
関　信 048(647)5544　関　西 06(6943)2251

＜税研ホームページ＞　https://www.zeiken.co.jp

乱丁・落丁の場合は、お取替え致します。　　　印刷・製本　東日本印刷株式会社

ISBN 978-4-7931-2268-2